Félix Lope de Vega y Carpio

La quinta de Florencia

Barcelona **2024**
Linkgua-ediciones.com

Créditos

Título original: La quinta de Florencia.

© 2024, Red ediciones S.L.

e-mail: info@red-ediciones.com

Diseño de cubierta: Michel Mallard.

ISBN rústica: 978-84-9816-199-1.
ISBN ebooks: 978-84-9897-730-1.

Sumario

Brevísima presentación

La vida

Félix Lope de Vega y Carpio (Madrid, 1562-Madrid, 1635). España.

Nació en una familia modesta, estudió con los jesuitas y no terminó la universidad en Alcalá de Henares, parece que por asuntos amorosos. Tras su ruptura con Elena Osorio (Filis en sus poemas), su gran amor de juventud, Lope escribió libelos contra la familia de ésta. Por ello fue procesado y desterrado en 1588, año en que se casó con Isabel de Urbina (Belisa).

Pasó los dos primeros años en Valencia, y luego en Alba de Tormes, al servicio del duque de Alba. En 1594, tras fallecer su esposa y su hija, fue perdonado y volvió a Madrid. Allí tuvo una relación amorosa con una actriz, Micaela Luján (Camila Lucinda) con la que tuvo mucha descendencia, hecho que no impidió su segundo matrimonio, con Juana Guardo, del que nacieron dos hijos.

Entonces era uno de los autores más populares y aclamados de la Corte. En 1605 entró al servicio del duque de Sessa como secretario, aunque también actuó como intermediario amoroso de éste. La desgracia marcó sus últimos años: Marta de Nevares una de sus últimas amantes quedó ciega en 1625, perdió la razón y murió en 1632. También murió su hijo Lope Félix. La soledad, el sufrimiento, la enfermedad, o los problemas económicos no le impidieron escribir.

Personajes

Alejandro, Duque de Florencia
Carlos, caballero
Doristo
Otavio, caballero
César, secretario
Celio, caballero
Lucindo, molinero viejo
Laura, su hija
Belardo, molinero
Roselo, molinero
Teodoro, casero de la quinta
Dantea, labradora
Antonia, dama
Una Mujer
Horacio
Curcio
Un Paje
Dos músicos

Jornada primera

(Salen el Duque de Florencia, Alejandro; Carlos, caballero; Otavio, caballero; César, secretario, de noche.)

Alejandro   ¡Hermosa ciudad Florencia!

Carlos   Después que eres su señor,
tiene Florencia valor,
y hace a Roma competencia.

Alejandro   Como de día no puedo
verla por mi autoridad,
o porque a la gravedad
de mis cosas tengo miedo,
de noche con mejor modo
veo cosas que ha de ver
un príncipe, que ha de ser
un Argos que vele en todo,
que éstas, por ser tan pequeñas,
no llegan a mis oídos.

Otavio   Con hechos esclarecidos
al común gobierno enseñas:
República venturosa
la que tal entendimiento
ha puesto en orden.

Alejandro   Mi intento
no aspira a historia famosa,
sino solo engrandecer
la patria.

Carlos   Gente atraviesa

a alguna amorosa empresa:
un hombre y una mujer.

(Entra Celio y una mujer con manto.)

Celio
    No está lejos mi posada,
y con buena colación,
con un corte de jubón,
volveréis menos airada.
    Echad por aquesta esquina.

Mujer
Tengo una madre tan vieja,
que me riñe y aconseja
bien diferente doctrina.
    Pero ¿qué se puede hacer?
Ya, señor, topé con vos.

Otavio
Celio es el hombre, ¡por Dios!

Alejandro
¿No conocéis la mujer?

Otavio
    Veamos por su arrogancia
en qué princesa tropieza.
Basta saber la flaqueza,
no sepáis la circunstancia.

Celio
    No querría que saliese
el Duque: echad por aquí.

Mujer
Pues ¿sale de noche?

Celio
    Sí.
Pesaríame que os viese.

(Vanse los dos.)

Otavio Ya lleva Celio esta noche
con quien podella pasar.

Carlos Mañana me ha de contar
que es dama de estrado y coche.
   ¿Cuántas hay que las encuentran
en medio de aquesa calle,
y que con bueno o mal talle,
a tiento en sus manos entran?
   Y dejándole la cama
como hospital, tales son,
que luego en conversación
dice: «¡Ah, qué buena dama
   aquesta noche gocé!
¡Qué manos, qué olor, qué pechos!».
dejándonos satisfechos
de que Elena o Porcia fue,
   y todo el día se están
rascando, y lo he visto yo,
las reliquias que dejó
en la camisa al galán.

Alejandro Según eso, a la mañana
querrá Celio razonar.

Carlos Dos hombres veo pasar
mirando aquella ventana.

(Salen Horacio y Curcio, vestidos de noche.)

Horacio Si no os importa, señor,
mucho, estar en este puesto,

dejadle os ruego, y sea presto,
que es interés de mi honor.

Curcio   Lo mismo quise ¡por Dios!
pediros.

Horacio   Pues fui el primero,
haced luego, caballero,
lo que yo hiciera por vos,
  o habráse de remitir
a las armas.

Curcio   No es posible;
yo estoy bien.

Horacio   Pues ni imposible
será dejar de reñir.

(Meten mano.)

Alejandro   Allí riñen; mete paz.

Otavio   ¡Paso, ténganse!

Horacio   Si acaso
no llegaran...

Curcio   ¡Paso, paso,
que estáis ya muy pertinaz!

Alejandro   Si aquesto el Duque supiera,
bien sabéis que se enojara.

Horacio   Pues si el Duque nos mirara,

12

¿cuál hombre un hora viviera?

Alejandro	Pues, haced cuenta que os mira,
y andad con Dios.

Horacio	¡Qué prudencia!

Curcio	¿Si es el Duque?

Horacio	En la presencia
le parece.

Curcio	Al mundo admira.

(Vanse Horacio y Curcio.)

Carlos	Música viene, señor;
la música es don del cielo,
de los trabajos consuelo,
y estafeta del honor.
Es para el entendimiento
aire regalado y manso,
es de las penas descanso,
y de la tristeza aumento.
La misma gloria en que está,
el mismo gusto que encierra,
no tiene cosa en la tierra
que más parezca de allá.

(Salen dos músicos cantando.)

Músicos	«El valeroso Alejandro
de Médicis, que al de Grecia
quitó la gloria en la paz

y la ventura en la guerra,
con el estandarte santo
del que la nave gobierna
del gran Vicario de Cristo,
y las armas de la iglesia,
fue en Florencia el primer Duque,
y a no ser sola Florencia
mayor conquista en el mundo,
segundo Alejandro fuera;
que la espada y la ciencia
le dio Apolo en la paz, Marte en la guerra.»

Alejandro   ¡Notablemente han cantado!
La letra me ha satisfecho,
no porque nunca en mi pecho
lisonjas hayan entrado,
    mas porque está bien escrita.

Carlos   No ha pintado mal tu historia
el poeta.

Alejandro   Con mayor gloria
su voz me anima e incita.

Otavio   Lo mismo Alejandro hacía,
que en cualquier combate fiero,
o leía un rato a Homero,
o alguna música oía.

Alejandro   Dadle esos cien escudos
en esa bolsa.

Otavio   ¿Qué digo,
señores?

Músico I	¿Quién es?
Otavio	Amigo, como a las veces los mudos alcanzan de los señores más que los que voces dan, en este bolsico van cien escudos.
Músico II	Que tú ignores que somos hombres, me espanto, que tenemos de creer, que eso pueda merecer la humildad de nuestro canto.
Otavio	Aquel Duque os los da.
Músico I	¿El Duque?
Otavio	Sí.
Músico I	Dios le guarde.
Otavio	Acudid allá a la tarde.
Músico I	¡Qué Alejandro!
Músico II	Así lo es ya.

(Vanse los músicos.)

Alejandro	¿Sabéis en qué he parado? En que aquesto ha sucedido,

y habemos visto y oído,
César palabra no ha hablado.

   Ni se rió viendo al loco
de Celio con la mujer,
ni al reñir quiso poner
mano a la espada tampoco.

   Y agora que oyó cantar,
no alzó la vista ofendida.
César, habla, por tu vida,
César, no dejes de hablar.

   ¿Qué tienes, César amigo?
¿Hay, por ventura, quien tenga
tus partes, y agora venga
a privar tanto conmigo?

   ¿De qué nace la tristeza?
Tu amigo soy.

César   Gran señor,
yo pienso que este rigor
es propia naturaleza.

   Tres suertes hay de este mal:
ocio, tristeza y la mía,
que es una melancolía
y una enfermedad mortal.

   Es el ocio suspensión
en que está el mismo sentido
sin moverse detenido,
ni tener humana acción.

   Es la tristeza tener
por qué estar triste, que un hombre
sabe de su mal el nombre,
y viénese a entristecer.

   La fiera melancolía
es estar triste sin causa;

digo, sin la que se causa
de sangre, como la mía.
Doy palabra a vuestra alteza,
que no sé más ocasión.

Alejandro
Causa tus estudios son,
César, de tu gran tristeza.
No escribas más: dale Atilio
mis papeles; tu virtud
estima, y a tu salud
quiero que se ponga auxilio.
Yo pensé que te alegrara
la casa que fabricaste
junto a Florencia.

César
Y pensaste
bien, ¡oh, nunca yo la labrara!

Alejandro
¿Qué dices?

César
Que si no fuera
por ella, me hubiera muerto;
tanto me alegra el desierto,
tanto la corte me altera.

Alejandro
Pues, si estás mejor allá,
vete por algunos días.

César
No pensé que me darías
licencia.

Alejandro
Ésa tienes ya.

César
Beso los pies a tu Alteza.

[Habla Otavio aparte a Carlos.]

Otavio	(¿Si está enamorado?
Carlos	No, pues que licencia pidió para aumentar su tristeza.)
Alejandro	¿Qué tratáis?
Carlos	Pensaba Otavio que César amor tenía, porque no hay melancolía de más rigor que su agravio.
Alejandro	No, porque si lo estuviera, no gustara de salir de Florencia, ni vivir donde a su dama no viera. Quédate, Otavio, con él; yo fingiré que me voy, y sabe lo que es.
Otavio	Yo soy su amigo, y el más fiel, y pienso que me dirá la ocasión, si alguna tiene.
Alejandro	Carlos.
Carlos	Señor.
Alejandro	No conviene

| | que nos detengamos ya, |
| | que aguardará quien sabéis. |

Carlos   Vamos, señor.

César   Y nosotros,
¿no iremos?

Alejandro   Quedaos vosotros,
o entreteneros podéis,
que este negocio es secreto.

(Vanse Alejandro y Carlos.)

Otavio   ¿Por qué piensas que se ha ido
el Duque?

César   ¿Está desabrido
conmigo?

Otavio   No, que es discreto.

César   Pues ¿por qué?

Otavio   Porque supiese
por qué causa triste estás.

César   ¡No me faltaba a mí más
de que el Duque lo entendiese!

Otavio   Luego, ¿no sabré lo que es?

César   Debajo de juramento
de callar mi pensamiento,

o que palabra me des
de caballero y amigo.

Otavio
Yo la doy, y cuanto puedo
juro; habla, pierde el miedo
y declárate conmigo.

César
    Otavio, yo estoy enfermo.

Otavio
¿De qué mal?

César
    No sé qué mal;
basta saber que él es tal,
que ya ni como ni duermo.

Otavio
    ¿Es accidente, o dolor?

César
Todo lo debe de ser.

Otavio
Mal dormir, y peor comer,
suele proceder de amor.
    Estarás enamorado,
que esto nace de su impulso.
....

César
Al corazón me has tocado.

Otavio
    Pues ¿de quién, cómo o adónde,
que de Florencia te vas?
¿Trátante mal?

César
    Tú sabrás,
que un gran mal mi bien esconde.

Otavio	¡Válgame Dios! que me has hecho pensar cosas que me ofenden.
César	No creas tú que se entienden los secretos de mi pecho.
Otavio	Duda pongo en tu lealtad: algo quieres imposible.
César	Antes en ser tan posible está la dificultad.
Otavio	¡Volverme has loco!
César	No quiero, sino que sepas mi daño.
Otavio	Habla.
César	Oye el desengaño.
Otavio	Escucho.
César	Espera.
Otavio	Ya espero.
César	Labré una hermosa quinta una legua de Florencia, Otavio, a orilla de un río que sus campos hermosea. Puse en ella dos jardines que a Babilonia pudieran dar envidia en artificio,

árboles y flores bellas.
Puse cuatro hermosas fuentes
con mil copas de Amaltea,
de pórfido y de alabastro,
y de varios jaspes hechas,
por cuyos dorados caños
vertía un arca secreta,
mil pedazos de cristal
y muchas perlas deshechas.
Puse famosas pinturas
de aquel artífice en ellas,
que en el pincel y en el nombre
es un ángel en la tierra.
Allí mil ninfas desnudas
daban con sus carnes bellas
imaginaciones locas
entre soledades necias.
Miraba a Venus y Adonis
una tarde en una siesta,
él con un bozo dorado,
y ella con doradas trenzas.
Allí en el suelo el venablo,
con las borlas de oro y seda,
y los perros, de calor,
sacando al aire las lenguas.
Cupidillo, que jugaba
con un carcaje de flechas
—yo pienso que aunque pintado,
es discreción que se tema—
diome deseo de amar
una mujer como aquélla
si la hallase hoy en el mundo,
quiero decir, en Florencia.
Vine a la ciudad, Otavio,

miré en calles y en iglesias
algunas castas matronas,
algunas nobles doncellas,
mas ninguna parecía
que era semejante a aquélla.
¿Quién vio un hombre enamorado
de imaginación tan necia?
Viendo, pues, que no podía
hallarla, ni estar sin ella,
volvíme triste a mi quinta
a contemplar su belleza.
Mil veces con celos quise,
aunque el lienzo se perdiera,
cortar el Adonis todo:
¡mirad si amor tiene fuerza!
Otras veces, en su rostro
retratar el mío quisiera,
porque pintura a pintura
gozara lo que pudiera.
Al fin, más triste que nunca,
me salí al campo una siesta,
por la margen de un arroyo
y el toldo de una alameda.
Los ánades que en él veía
iba apartando con piedras,
que enamorado del aire,
el aire me daba ofensa.
Llegué a una fuente nativa,
que entre dos pintadas peñas
formaba aquel manso arroyo,
bullendo el agua en la arena.
Y vi, ¿reiráste si digo
lo que vi?

Otavio	Como no sea
	que te hayas enamorado
	de algún ave, o si no, bestia,
	di, César, lo que quisieres,
	que allá de Jerjes se cuenta
	que se enamoró de un árbol.

César	Árbol fue, mas en dureza.
	Estaba una labradora
	de rodillas en la tierra,
	dando con un paño golpes
	en una nevada piedra.
	Los blancos brazos desnudos,
	porque una camisa nueva,
	con unos puños labrados
	de hilo de oro y seda negra,
	de los hombros le pendía,
	donde llegaban las hebras
	del cabello, que cubría
	la frente rizada y crespa.

Otavio	Acaba ya de decir,
	César, sin tantas quimeras,
	que era una fregona pobre
	o una humilde lavandera.
	Que más quisiera mil veces
	que dijeras que una cierva,
	un galápago, una araña
	te enamoró con sus piernas,
	que no una mujer tan vil.

César	¡Oh, cuánto los hombres yerran!
	¡Qué cosas maravillosas
	a los ignorantes cuentan!

¿No pudo hacer Dios, Otavio,
en una mujer como ésta,
un milagro de hermosura?

Otavio   No digo yo que no pueda,
          pero vense pocas veces
          la hermosura y la bajeza.

César   Esas son constelaciones
          e influjos de las estrellas.
          Esta tuvo en su favor
          los benévolos planetas:
          nació hermosa y es hermosa,
          ya cuantos nacieron sepan.

Otavio   Di adelante.

César   Al fin alzó
          los ojos a ver quién era
          el que en el agua hacía sombra;
          vi el rostro.

Otavio   Sin duda es bella,
          pues tú la encareces tanto.

César   Para que no la encarezca,
          quiero llevarte a mi quinta,
          y que tú mismo la veas.

Otavio   Pues ¿está en ella?

César   No, Otavio,
          pero está de allí muy cerca,
          que es hija de un molinero.

Otavio	¿Que lava y es molinera?
César	Vino este día a lavar,
	o a matar, mejor dijera.
	Habléla, y a su hermosura
	parecieron sus respuestas,
	al fin es bello retrato
	de aquella Venus.
Otavio	No creas
	que es pequeña admiración
	pensar en lo que me cuentas,
	que una labradora pobre
	parece a Venus.
César	O es ella
	la que allí fue retratada,
	Otavio, o yo no soy César.
	En fin, desde aquel arroyo,
	desde aquella fuente fresca,
	desde aquella siesta...
Otavio	¿Es tuya?
	¿Y la gozas?
César	Yo te diera
	la quinta, la quinta es poco;
	diérate ¡por Dios! mi renta,
	diérate mi vida misma.
Otavio	¿Quién hay que impedirlo pueda?
	¿No es labradora? ¿No es pobre?
	¿No es mujer?

César	No.
Otavio	Pues ¿quién?
César	Princesa. Que es, cuanto a ser labradora, ángel; cuanto a pobre, reina.
Otavio	¿Y cuanto al ser de mujer?
César	Cuanto a ser mujer, Lucrecia.
Otavio	¿Lucrecia?
César	¡Por Dios, Otavio, que no han bastado con ella servicios, regalos, obras, penas, palabras, promesas! Porque con ser labradora, desprecia el oro y la tela, y con ser casta en el alma, lascivos gustos desprecia. Yo la he servido a su modo: ya con grana de Valencia, ya con sartas de corales, ya con doradas patenas. Pero ni con cosas propias de su nativa aspereza, ni por los vanos tocados de Génova y de Venecia es posible que se ablande, ni a mis lágrimas se mueva, que algunas llorar me ha visto,

sin recato, y con vergüenza.
¿Qué haré? ¡Que muero de amor
por la más hermosa fiera
que para castigo de almas
ha dado el cielo a la tierra!
¿Oyes, Otavio?

Otavio   No te aflijas,
pero pues tienes licencia
del Duque, vamos el día
que tú quisieres a verla.

César   ¡Luego, Otavio, Otavio mío!

Otavio   Pues, espera
aquí; al Duque mi señor
solo le daré respuesta.

César   Mira, que ha de ser fingida.

Otavio   Será como tú deseas.

César   ¡Ah, Laura, cómo tu nombre
confirma con tu dureza!

(Vanse, y sale Laura, labradora, Belardo, Roselo y Doristo, enharinado.)

Laura   ¿Qué locura os ha tomado?

Belardo   Primero fue mi afición.

Roselo   Primero fue mi cuidado.

Doristo   Primero fue mi intención,

de estar con Laura casado.

Laura
    Si por entretenimiento
vuestro loco pensamiento
no hubiera tomado, hiciera
un castigo que excediera
tan notable atrevimiento.
    Desviad, no me enojéis.

Belardo
¡Pardiez, Laura, buen aliño
con ese desdén tenéis!

Laura
No son, rasgadme el corpiño.

Belardo
No con el alma rasguéis.

Laura
    ¿Conmigo rústico vil,
tú por tú?

Roselo
    No te enojes,
Laura gallarda y gentil,
ni el día de Dios despojes,
que le dio tu luz sutil.
    Todos te amamos, ninguno
quiere que su amor innoves,
ni ser al tuyo importuno;
todos somos tus Jacobes,
tú, Raquel de solo uno.
    Siete años y más tenemos
de servicios que a tu padre
por tu ocasión hecho habemos;
mira si es razón que cuadre
servir tú de estos extremos.
    Otros siete serviría,

y aun otros mil, Laura mía,
como a tu gusto agradase,
si fuese tal, que igualase
la paga con la porfía.

Belardo   ¿Tú eres para más que yo?
                 ¿Tú más que yo amar pudieras?

Roselo   ¿Que no te excediera yo?

Belardo   No.

Doristo   Cuando a Belardo excedieras,
                 que tanto amó y esperó,
                    no llegaras a mi fe,
                 porque como el firmamento,
                 quiere amor que firme esté;
                 y así es bien que a mi tormento
                 solo este premio se dé.
                    Y no compitas conmigo,
                 pues el derecho que sigo
                 se funda en tanta justicia,
                 que verá amor que es malicia,
                 y es dar a todos castigo.
                    Y sobre ello he de poner
                 la vida.

Roselo   Pues en la mía
                 poco tengo que perder,
                 que es de Laura desde el día
                 que la merecí querer.

Belardo   Si nos hemos de matar,
                 agora es tiempo que entienda

Laura mi amor.

Laura   ¡Qué pesar
con razón vengo a tomar
de vuestra inútil contienda!
   Si dais en esta locura,
haré a mi padre que os eche
de casa.

Doristo   Si eres tan dura,
que no hay cosa que aproveche
para volverte a blandura,
   ¿qué remedio ha de tener
nuestro amoroso cuidado?

Laura   Que me pueda merecer
quien tuviere más honrado
y más firme proceder.

Belardo   ¿En qué se verá?

Laura   En servirme.

Roselo   Di tú en qué.

Laura   De buena gana.

Belardo   No puedes, Laura, pedirme
cosa tan incierta y vana,
que no me parezca firme.

Laura   Quien de estos papeles tres
lo que dicen me trajere,
ése gozará después

lo que de Laura quisiere.
....
     Ese, en fin, es el que quiero.

Doristo   Repártelos sin agravio.

Laura   Toma, Belardo, el primero.

Belardo   ¿Quién te los dio?

Laura   Cierto sabio
que anda en aquel monte fiero.

Belardo   ¿Para qué son?

Laura   Para hacer
más hermosa a una mujer.

Belardo   Y esto, ¿dónde se ha de hallar?

Laura   En el saberlo buscar
darás tu amor a entender.
    Toma tú aquéste, Doristo,
y tú el tercero, Roselo.

Belardo   Si por el bien que conquisto,
papel, lo que no es el cielo
fuese en vuestras letras visto,
    no dudes de que no hay China
tan remota a do no fuese,
ni roca tan diamantina,
que mejor no la moliese
que si fuese Proserpina.
    Voy a ver lo que decís.

(Vase.)

Doristo

Papel, sentid, si sentís,
que aunque pidáis a mi amor
el imposible mayor,
cosas fáciles pedís.
    Iré donde al indio adusto
abrase el Sol, sin disgusto,
o a la Libia rigurosa,
porque no hay dificultosa
al que sirve por su gusto.

(Vase.)

Roselo

    Papel, si más imposibles
tuviérades que tenéis
letras, todos tan terribles
cuanto imaginar podéis,
fuerais a mi amor posibles.
    Traeré seda, ámbar, algalia,
todo el tesoro de Italia,
con ser quien soy, no me entibia;
iré al Cáucaso, a la Libia,
traeré yerbas de Tesalia.

(Vase.)

Laura

    ¡Gracias al inmenso cielo
que os apartó de mis ojos,
porque con bueno o mal celo,
dame vuestro amor enojos,
y es vuestro fuego mi hielo!
    Nunca amé, nunca rendí

lo que Dios libre crió:
estoy en mí, vivo en mí;
tan presto se forma un «no»,
como las letras de un «sí».
    Líbreme Dios de tu fuego,
rapacillo, niño ciego,
Dios injusto, rey sin ley;
pues apenas eres rey,
cuando eres esclavo luego.
    Claras y hermosas corrientes
de estas cristalinas fuentes,
que del monte despeñadas
mostráis las horas pasadas,
y no pasáis las presentes:
    a vuestro ejemplo, no gasto
en vanidades los días,
antes las fuerzas contrasto
de algunas vanas porfías
de amor con mi pecho casto.
    No trocaré, verdes plantas
donde Dafne se entretiene,
vuestras esmeraldas tantas,
por cuantas México tiene,
si el César me diese tantas.
    No se canse en pretender,
ni con sus regalos quiera
mi dureza enternecer,
que soy en el alma fiera,
si en la vista soy mujer.

(Sale Teodoro, casero de la quinta, y Dantea, labradora.)

Teodoro   Ruégaselo tú, Dantea.

Dantea	Está resuelta de modo que creo que inútil sea si le diese el mundo todo.
Teodoro	No dudes que lo desea, mas quizá lo hará por ti.
Dantea	¿Qué haces tan sola aquí, honra de aquesta ribera?
Laura	Mejor por ti lo dijera, haciendo espejo de mí. ¿Quién viene contigo?
Dantea	Viene el casero de la quinta de César.

Laura	¡Buen talle tiene!
	Huye dél, que en una cinta
	amor se enlaza y detiene.
	   Es como viento el amor,
	que cualquier hoja menea;
	resístesele el honor,
	pero derriba y afea
	donde está seco el humor.
	   No andes allá, por tu vida.

Dantea	Escucha, si eres servida, que es muy diferente el fin, ... si no es que estás divertida.
Laura	¿Cómo?

Dantea	Quiere que por mí recibas cierto presente de César.
Laura	¿Estás en ti?
Dantea	Allí te aguarda, en la fuente; pues no te vayas así. 　　Llega, Teodoro.
Teodoro	Señora, por Dios, que os duela un mancebo tan noble, pues os adora.
Laura	Teodoro, yo, ¿qué le debo, que deba pagarlo agora?
Teodoro	Debéisle un ansia de amor con que la vida consume.
Laura	Que no la tenga es mejor, pues ya conoce y presume la fuerza de mi rigor.
Teodoro	¿Hase de morir así?
Laura	¿Dile la ocasión?
Teodoro	Pues ¿quién?
Laura	Si es noble, y pobre nací, ¿para qué me quiere bien? ¿Qué es lo que pretende en mí?

Teodoro	Más que decís entendéis,
	mas suplícoos que toméis
	esto que os ofrece agora,
	que es propio de labradora,
	porque no lo despreciéis.
	Hay unas granas reales,
	a quien haré mil agravios
	en esas rosas iguales,
	y una sarta de corales,
	que afrentéis con vuestros labios.
	Hay unos hilos de perlas,
	a quien ya la envidia toca,
	si al cuello queréis ponerlas,
	de que tengáis en la boca
	con qué poder deshacerlas.
	Hay un «agnus» luminado
	del pincel de un gran pintor,
	un rosario, aunque engarzado,
	con oro de más valor,
	por ser de ágatas labrado.
	Hay argentados botines,
	medias de Nápoles ricas,
	porque a su color te inclines.
Laura	¡Qué honestos medios aplicas
	para deshonestos fines!
	Di a César, pues suyas son,
	que es vana su pretensión,
	y queda con Dios, Teodoro.
Teodoro	Oye.
Laura	Voyme.

Teodoro	Entiende.
Laura	Ignoro.

(Vase Laura.)

Dantea	¡Fuese!
Teodoro	¡Extraña condición!
Dantea	Desdichado César fue, que aquesta piedra quisiese.
Teodoro	No dudes, morir se ve.
Dantea	¡Que aun esto no recibiese, ni buena respuesta dé! ¡Ojalá, Teodoro, fuera yo la que César quisiera!
Teodoro	El amor no es elección. Síguela en esta ocasión, aunque es seguir a una fiera.
Dantea	Tras ella voy.

(Vase Dantea.)

Teodoro	Algún día amor ha de castigar, loca, tu ingrata porfía.

(Salen Roselo y Doristo, con los papeles.)

Roselo	Aquí suele el dueño estar de esta quinta o casería, y como de corte son, sus criados leer sabrán.
Doristo	Belardo en esta ocasión, como ha sido sacristán, nos diera mejor razón. No me hubieran enseñado a leer. ¡Qué pena tomo!
Roselo	Éste es aquel hombre honrado que es de César mayordomo.
Doristo	A buen tiempo hemos llegado. Éste, Teodoro se llama: mucho su señor le ama, fíale hacienda y dineros.
Teodoro	Éstos son dos molineros del padre de aquella dama.
Doristo	¡Oh, señor vecino!
Teodoro	¡Oh, amigos! ¿Cómo va?
Doristo	Gracias a Dios, muy bien: buenos van los trigos.
Teodoro	¿Qué buscan acá los dos?
Doristo	Hablar con los enemigos.

Roselo	¿Sabe su merced leer?
Teodoro	¡Pues no!
Roselo	Lea, por su vida, estas cédulas.
Teodoro	A ver.
Roselo	Diga.
Teodoro	«Receta escogida, con que puede una mujer pararse en extremo hermosa.»
Roselo	¿Eso nos manda buscar? Diga.
Teodoro	La primera cosa que dice es la flor de azar de los dados.
Roselo	¡Qué famosa! ¡Linda flor de azar de dados!
Teodoro	«Item más: de un ángel, plumas.» Los cuentos son extremados.
Roselo	De ésas habrá como espumas, que hay mil ángeles pintados.
Teodoro	«De la Luna el arrebol, del gigante Fierabrás

el palo del guardasol,
y cuatro coces no más
de los caballos del Sol.
  Una cáscara del huevo
del cisne que a Leda amó,
y de la oliva un renuevo
que la paloma sacó
del diluvio al mundo nuevo.
  La barba de una cometa,
de un mosquito los riñones,
....
y las imaginaciones
del más celoso poeta.»

Doristo   ¡Pluguiera a Dios que así fuera
la mía!

Teodoro   ¿Andáis a buscar
esto?

Doristo   Sí.

Teodoro   ¡Linda quimera!

Doristo   Lea, que aun hay más que andar
sin ésta, que fue primera.

Teodoro   «Récipe para hacer
que se muera una mujer
por un hombre.»

Doristo   ¡Esta sí es buena!

Teodoro   Primeramente se ordena

que interés no deba ley.

Doristo   Tanto que mejor, ¡par Dios!

Teodoro   «Item: dos onzas de tos
                   de Lucrecia resfriada,
                   cuando, por fuerza gozada,
                   salió en camisa a las dos.
                      Más una libra de viento
                   de la nave en que robó
                   Paris a Elena.»

Doristo   Eso siento;
                   ¿podréla hallar?

Teodoro   ¿Por qué no?

Doristo   ¿Una libra?

Teodoro   Sí, y aun ciento.
                      «Más siete libras del hilo
                   del ovillo de Teseo,
                   de la airada parca el hilo,
                   el sueño del Dios Morfeo,
                   y el llanto del cocodrilo.
                      Cuatro arrobas del sonido
                   de la campana mayor
                   que se haya visto ni oído,
                   y un pañal del niño Amor,
                   lavado en agua de olvido.»

Doristo   ¿Cuatro arrobas?

Teodoro   Esto aplica.

Doristo	Y esto, ¿dónde se ha de hallar?
Teodoro	En Florencia, en la botica.
Doristo	Vámoslo luego a buscar.
Roselo	¿Llevaremos mi borrica?
Doristo	Pues ¿en qué se ha de traer?
Teodoro	¿Quién os lo ha pedido?
Doristo	Laura.

(Vanse los dos.)

Teodoro	¿Quién sino ella pudo ser?
	Ved con qué burlas restaura
	el cansancio del querer.
	A César escribir quiero;
	como este bronce, este acero
	no se ha podido ablandar,
	malas nuevas le he de dar,
	tales albricias espero.

(Vase, y salen el Duque Alejandro, y Otavio.)

Otavio	Hablé a César.
Alejandro	¿Qué dice?
Otavio	Varias cosas
	que muestran ruin suceso.

Alejandro	No tendría gusto en mi vida si perdiese a César: quiérole bien, que nos criamos juntos, y en paz y en guerra le he tenido al lado, fiándole las cosas de mi estado.
Otavio	Con gran razón le estimas.
Alejandro	Finalmente, Otavio, tiene estrella, tiene imperio César sobre mi gusto, y el mandarte que supieses tan apretadamente la causa de este mal que le atormenta, no solamente de este amor nacía, que aún hay otro mayor.
Otavio	Así los cielos aumenten, gran señor, corona y gloria de la casa de Médicis, tu estado; que me digas a mí lo que sospechas del mal del César.
Alejandro	Yo te tengo, Otavio, en mucho por dos cosas: la primera, porque conozco tu nobleza y sangre y las partes notables de tu ingenio; y la segunda, porque no es posible que un hombre a quien estima y quiere César, entre otros muchos, por mayor amigo, deje de ser de semejantes méritos.
Otavio	Si me abona el querer tú a César tanto, y el quererme a mí César, está cierto

que lo que tú me quieres, él me quiere,
no porque con tu amor se iguale alguno,
que adora César en tus pensamientos,
tus imaginaciones reverencia,
y no tiene otro bien después del cielo;
mas pues, en fin, con igualdad me trata,
que el amor en iguales es más llano,
y solo aqueste amor falta a los príncipes.

Alejandro Hablas muy bien, Otavio, mas volviendo
a lo que, como digo, he sospechado,
confiado de ti, como confío,
por alma de hombre que yo estimo tanto,
sabrás, que aunque negocios tan difíciles
de familia, República y de súbditos,
a un hombre como yo le ocupan tanto,
por un resquicio de ella o por lo estrecho
de una nema sutil que cierra un pliego,
se entró en mi alma una mujer tan bella,
que bastara decir que entró en mi alma.
Amor es como el Sol, que si se aparta
de las entrañas de la tierra un vidrio,

....

Dejando, pues, disculpas, solo César
sabe este amor, y siempre que a su casa
la voy a visitar, César conmigo
hace el mismo viaje.

Otavio   Justamente
te fías de su espada y su secreto.

Alejandro Él iba alegre los primeros días,
y en medio de este gusto le ha caído
dentro del alma tan mortal tristeza,

que cuando va conmigo no me habla,
y si ve la mujer, baja los ojos,
y ni conmigo ni con ella trata
muchas cosas, Otavio, que solía.

Otavio   ¿Y qué presumes de esto?

Alejandro   Yo presumo
que, pues Dios te dotó de tal ingenio,
ya debes de saber lo que presumo.

Otavio   Dirás que adora aquesa dama.

Alejandro   Digo,
que de verla y tratarla cada día
tan domésticamente, como es hombre,
no se pudo excusar de no querella.

Otavio (Aparte.)   (Gran camino se ofrece de engañalle,
          para que encubra sus amores César,
porque el Duque no sepa que tal hombre
puso los ojos en tan vil sujeto.)
Al fin, ¿eso sospechas?

Alejandro   No he culpado
a César yo de aquese pensamiento,
porque si la verdad y hermosura
es amable por sí, y es tan señora,
cargado de negocios, me ha rendido
ocioso, libre y sin ningún cuidado.
Si César la servía de secreto,
si César intentara ofensa mía,
enojárame yo, Otavio, con César;
pero si veo yo que es tan honrado,

tan noble y tan leal, que por no vella
me ha pedido licencia de ausentarse
por un mes de mi casa y de mi corte,
y allá se quiere estar en sus jardines,
mucha razón será que yo agradezca
a César este término tan noble.
Di la verdad: ¿es esto lo que sabes
del camino de César?

Otavio　　　　　Señor ínclito,
aunque con grandes juramentos vengo
obligado a callar, ningunos tienen
fuerza con el señor, igual de entrambas,
debajo de que a César no le digas
cosa ninguna de las que te digo:
sabe que César por tu dama muere,
y que se ausenta por no darte enojos,
siquiera con el mismo pensamiento.

(Aparte.)　　　(¡Oh, qué bien que le engaño y aseguro!)

Alejandro　　　Otavio, huélgome de saber lo que quería.
¿Es ido César?

Otavio　　　　　No, pero ya tiene
las botas puestas y el caballo a punto.

Alejandro　　　¡Hola!

(Sale un Paje.)

Paje　　　　　Señor.

Alejandro　　　Llámame luego a César.

Otavio   Yo iré, si mandas.

(Vase el Paje.)

Alejandro   Ese paje basta;
                  quédate tú.

Otavio (Aparte.)   (Sospecho que fue yerro
                  decirle al Duque, sin hablar a César,
                  lo que agora podrá, pues no lo sabe,
                  hacerme mentiroso con el Duque
                  y desleal con César, quien no piensa
                  en los negocios graves, y los mira
                  tarde, y pasada la ocasión, suspira.)

Alejandro   Un término leal, un noble trato
                  y un casto pecho y un dolor profundo,
                  una paciencia, en quien las glorias fundo,
                  una templanza, un singular recato,
                     hoy me ha de hacer magnífico retrato
                  del Alejandro de quien soy segundo,
                  pues más sus cosas que a ganar el mundo,
                  pueden hacer un príncipe beato.
                     Si a Apeles Alejandro dio su amiga,
                  no hizo mucho, pues la había gozado;
                  yo doy mujer que a mi respeto obliga,
                     por mostrar con mi pecho más honrado,
                  que basta que padezca y no lo diga,
                  para que de los dos quede premiado.

(Sale César con botas de camino y espuelas, y el Paje que le fue a llamar.)

César   Será aumentar mi tristeza
                  si me detiene.

Alejandro	Recibo gusto en ver tu gentileza.
César	Poniendo el pie en el estribo, me dicen que vuestra Alteza, señor, a llamar me envía.
Alejandro	Salte allá fuera, Florelo. .... No entre aquí nadie.
Otavio (Aparte.)	(Recelo que ha sido ignorancia mía.)
Alejandro	César, si estás satisfecho de tu privanza y mi amor, yo de tu nobleza y pecho, tu lealtad y mi favor, hay un muy notable hecho. Tú has callado y padecido, yo he sentido y he callado por no te hablar; he entendido que tú estás enamorado, y lo que pasa he sabido. Que quieres a Antonia, entiendo, a quien quiero, como sabes, mas no por eso me ofendo, que con tus tristezas graves todas sospechas defiendo. Pues que tu melancolía de amarla yo procedía, y te quieres esconder porque no quieres poner

los ojos en cosa mía,
 y pues con tanta lealtad
has sufrido tanto amor,
mirando la autoridad
de tu príncipe y señor,
y las leyes de amistad,
 lo que mereces me toca,
y de manera me obliga
ver que enmudezca tu boca,
cuando el alma te persiga
con una pasión tan loca.
 A mi Antonia darte quiero,
y a fe de noble cristiano,
Médicis y caballero,
que no he tocado su mano,
aunque por sus ojos muero.
 Casarte con ella puedes,
seguro de esta verdad;
que a los dos haré mercedes,
para que mi voluntad,
con ser su marido heredes.
 Ella es tal, que ha resistido
todo cuanto pretendí
sin título de marido,
que en esto pienso de ti,
tu igual merece haber sido.
 Esta liberalidad
es muy digna de mi fama,
mi nombre y mi autoridad,
y esta bellísima dama,
digna de tu voluntad.
 Con esto, lo que yo soy,
a mi amor se paga hoy.
....

....
....

César

Señor, el cielo es testigo
que si tu imaginación
algún lisonjero amigo
te ha dicho en esta ocasión
que tus pensamientos sigo,
    y que mi melancolía
de amar a Antonia procede,
que ha sido injusta osadía;
que ninguno saber puede
lo que de mí no se fía.
    ¿Yo, a Antonia? ¿Yo, atrevimiento
de poner el pensamiento
donde tú los ojos pones?

Alejandro

Ya todas esas razones
son, César, sin fundamento.
    Yo sé que por no ofenderme
a tu soledad te vas;
no quieras, César, hacerme
que te diga en esto más,
ni tú menos entenderme.
    Déjame, César, primero
cumplir con mi obligación;
tu respuesta vitupero,
pues me quitas la ocasión
de mostrar lo que te quiero.
    Si Alejandro soy en dar,
como tú en amar Leandro,
no me quieras estorbar,
que las galas de Alejandro
pueda César heredar.

César	Señor, que te han engañado.

Alejandro	Tú me engañas y me enojas.
	Ven para hablarla a mi lado,
	que de valor me despojas,
	de mi virtud conquistado.
	Pues a ti del más leal
	quieres que el mundo te nombre
	César, con fama inmortal;
	no me quites a mí el nombre
	del señor más liberal.

[Se va Alejandro.]

César	¿Qué es esto, Otavio?

Otavio	No sé;
	esto el Duque imaginó,
	y yo se lo confirmé,
	mas por no decirle yo
	que amabas a Laura fue.
	Mi intención era ocasión
	de darle satisfacción.

César	Tú me has muerto, Otavio, digo,
	porque un ignorante amigo
	mata con buena intención.

Fin de la primera jornada

Jornada segunda

(Salen Antonia, dama, y César.)

Antonia   César, ¿cómo o cuándo ha sido
la desdicha en que me veo?
¿Cuándo tuviste deseo,
César, de ser mi marido?
    Dime, ¿cómo estás tan triste,
si pediste y alcanzaste?
¿Qué es lo que alcanzando hallaste,
que tan presto enmudeciste?
    ¿Cómo así has enmudecido,
que palabra no has hablado?
César, aún no estás casado,
¿de qué estás arrepentido?

César   Antonia, si verdad fuera
que yo te tuviera amor,
digo amor, en el rigor
que a este punto me trujera,
    no estuviera enmudecido,
ni como me ves, helado,
ni primero que casado
estuviera arrepentido.
    Entré en tu casa a servir
al Duque, y saliendo un día,
me dio una melancolía,
que me ha llegado a morir.
    Yo mismo, Antonia, no sé
la causa de esta pasión;
pienso que del corazón
alguna enfermedad fue.
    Miró en esto el Duque un día,

parecióle que te amaba,
viendo que no me alegraba
como otras veces solía.

Dio en pensar que tanto mal
procedía de tu amor,
y que callaba el dolor,
de noble, honrado y leal.

Como es príncipe piadoso,
tan grande, tan claro y justo,
quiso más perder el gusto
que dejarme a mí quejoso.

Hablóme y le respondí,
desvaneciendo su intento;
pensó que era cumplimiento,
y trújome, Antonia, aquí,

donde te pide y convida
que me admitas por tu dueño,
cosa, Antonia, que por sueño
no me ha pasado en mi vida.

De manera que si ha sido
desdicha tuya en perder
la gloria del pretender
tan excelente marido,

no estima menos la mía,
pues fue causa mi disgusto
de que perdiese su gusto
el Duque por cortesía,

que me obligase a mí,
no habiéndome dado nada,
pues no siendo de mí amada,
no me ha dado nada en ti.

Antonia   Cuando me amaste, o tuviste
imaginación de ser

marido de una mujer
a quien jamás pretendiste,
   iqué gran consuelo tuviera
como fuera de ti amada,
y que el verme desechada
de alguna ocasión naciera!
   Pero que pierda el señor
y que no gane el criado,
no sé yo quién ha llegado
a desventura mayor.
   Pues que no se halla medio
para mi mal y su olvido,
mira César, que te pido
que procures mi remedio.

César   Yo, Antonia, ya tengo el mío,
que es irme a mi casería,
donde esta melancolía
pase riberas del río.
   Y si el Duque preguntare
por mí, puedes responder
que tengo mucho que hacer
en que mi mal se repare,
   y que después trataré
de cosas, que importa al gusto.

Antonia   De su enojo y mi disgusto,
yo sé quien la causa fue.

César   ¿Quién? ¡Por tu vida! ¿Fue Otavio?

Antonia   No, sino mi resistencia.
Perdió el Duque la paciencia,
y túvola por agravio.

César   No creas que de eso nace,
               sino de haber entendido
               que te adoro, y que tú has sido
               la que tanto mal me hace.
                  No deshagas esta hazaña
               de su libre calidad,
               tan digna de eternidad
               en Francia, Italia y España.
                  Que Alejandro no te diera
               si menos gloria alcanzara,
               porque tu gusto le amara
               y tu honor le resistiera.

Antonia   Yo pienso, César, llorar
               muy de veras este engaño.

César   Yo, lo que resta del año
               en mi soledad pasar.
                  Mira, señora, ¿qué quieres?
               Que estoy ya muy de partida.

Antonia   Que de mi honor y mi vida
               piensa que el estrago eres,
                  y que a la gracia me vuelvas
               del Duque.

César   Yo lo haré,
               y hasta entonces ¡por mi fe!
               que al hablar no te resuelvas.

Antonia   Perderás esos enojos,
               y yo perderé mis celos.

César

    ¡Ay, villana de los cielos,
    cuándo te verán mis ojos!

(Vanse, y sale Laura con un cantarillo, y Belardo con el papel.)

Belardo

     ¿Esto había de pedir,
    Laura, a un hombre como yo?

Laura

    Luego ¿esto era mucho?

Belardo

      No,
    no me pudiera impedir,
     cuando ello posible fuera,
    que en tanta razón lo fundo,
    si en los límites del mundo
    se hallara o nacido hubiera.

Laura

     Pues, ¿qué tiene ese papel
    que no esté puesto en razón?

Belardo

    Para burlas, pues lo son,
    no pocas has puesto en él.
     ¡Par Dios, Laura, que ese humor
    más es de una gran señora,
    que de humilde labradora!

Laura

    Dicen que quien tiene amor
     todo lo halla posible;
    ofensa a tu amor hiciera
    si lo posible pidiera,
    y pídote lo imposible.

Belardo

     Mira lo que dice aquí
    si a ti te parece poco,

porque no me vuelvas loco,
oye, y no me culpes.

Laura   Di.

Belardo   «Tomarás cuatro estornudos
del Dios Baco en escabeche,
de las cabrillas la leche
y la habla de seis mudos,
    y luego seis libras toma
de asaduras de aradores,
y en quejas de ruiseñores,
los echa en una redoma.
    Toma cuatro lunas viejas
de adonde estén desechadas,
y después de hechas tajadas,
las cuece en miel de lentejas.
    Toma de influjos de estrellas
seis celemines no más,
y esto todo colarás,
después de majado en pellas,
    por un paño de anascote
del manto de la gran noche,
y con la lanza de un coche,
traído como almodrote.
    Ponlo en viéndola dormir,
que ella dirá si le ofende,
pero todo esto se entiende,
si ella lo quiere decir.»

Laura   ¿Y eso es muy dificultoso
de buscar, Belardo amigo?

Belardo   De que te burlas conmigo,

Laura, yo no estoy quejoso,
   pero de que hagas favores
a Doristo y a Roselo,
pues a mí, con justo celo
debes hacerlos mayores.
   Aunque rústico, he leído,
y aunque pastor, he estudiado;
sé de labranza y ganado,
sé de amor y sé de olvido.
   Aunque he sido labrador,
no siempre he sido grosero.

Laura

Belardo, yo no te quiero
confesar que tengo amor,
   pero si en las veras toco,
está seguro también
que eres en el mundo quien
no puedo ni tengo en poco.
   En caso que el padre mío
quiera casarme algún día,
nadie como tú sería
más dueño de mi albedrío.

Belardo

   ¿A todos preferirás?
¡Que a tan altas glorias vengo!
¿Quieres el alma que tengo?
Mira que no tengo más.
   ¿Quieres que me vuelva loco?
Porque con un cuerdo puede,
bien que a tanto bien excede,
estimar menos que poco.
   ¿Tal bien merecí de ti?

Laura

Tampoco, Belardo, quiero

que te desvanezcas.

Belardo   Muero
en pensar que vivo en ti.

Laura   Cerca estamos de la fuente;
vete, no venga Dantea,
o otro alguno que me vea
estar contigo.

Belardo   Deténte.

Laura   ¿Qué quieres?

Belardo   Mándame en tanto
algo en que te sirva.

Laura   Vete,
y hazme un bello ramillete.

Belardo   Robaré a la tierra el manto;
quitaré las varias flores
de que se muestra compuesto,
mayormente las que han puesto
transformaciones de amores,
o las que mi amor imiten;
aunque si pasas después,
tú las darás con los pies
más que mis manos les quiten.

(Vase.)

Laura   Ni sé de amor, ni tengo pensamiento
que me incline a pensar en sus memorias,

que sus desdichas, como son notorias,
de lejos amenazan escarmiento.
  Sus imaginaciones doy al viento,
sirviéndome de espejos mil historias,
y así de la esperanza de sus glorias,
aún no tengo primero movimiento.
  Amor, Amor, no puedes alabarte
de que rindió tu fuego mi albedrío,
ni que en el campo voy de tu estandarte.
  Las flechas gastas en un bronce frío;
no te canses, Amor, tira a otra parte,
que es fuego tu rigor, y nieve el mío.

(Vase; salen César y Teodoro.)

César   Vuélvete acá, Teodoro,
                 que aquí la quiero buscar.

Teodoro   ¿Qué es lo que quieres cenar?

César   Esto que suspiro y lloro.

Teodoro   Anda, que vives cansado,
                 y eso será desatino.

César   No me ha cansado el camino;
                 hame cansado el cuidado.

Teodoro   Perdices hay extremadas
                 que hoy me trajo un cazador.

César   ¿Son de lazo?

Teodoro   No, señor,

antes vienen azoradas,
que están de linda sazón.

César

Todos cazan lo que emprenden;
solo a mí se me defienden
su dureza y condición.
En fin, ¿no quiso la grana?

Teodoro

Cosa ninguna tomó:
hasta en no tomar mostró
que es su condición villana.
Conoce a lo que se obliga
quien toma.

César

Dices verdad;
vete.

Teodoro

Adiós.

(Vase Teodoro.)

César

¡Oh, soledad,
de mis desdichas amiga!
Descanso en ti solamente,
porque en contemplar me agradas
de una fiera las pisadas
que trae veneno a esta fuente.
¡Ay de mí, que aquélla es!
Que a la boca, para henchilla,
pone allí una cantarilla,
y sobre el mármol, los pies.
¡Oh, efeto de mi pasión,
ansias débiles y tiernas,
temblando me están las piernas

del peso del corazón!
   Corazón de fuego y hielo,
no peséis mientras pensáis,
que si tanto me pesáis,
daréis conmigo en el suelo.
   ¿De qué furioso león,
de qué tigre estáis temblando?
¿Qué toro me está mirando,
que así tembláis, corazón?
   ¿Así tiembla un caballero?
No es animal, que es mujer,
pero ¿dónde puede haber
algún animal tan fiero?
   Y dado que mujer sea,
¿de qué Amazona tembláis?
¿Qué Lucrecia conquistáis?
¿Qué reina miráis, qué dea?
   ¿No es ésta una labradora
con un cántaro de barro,
y no el venablo bizarro
de la bella cazadora?
   Pues, ¿cómo agora teméis
a hacer las historias nuevas,
que aquel príncipe de Tebas,
o que desnuda la veis?
   ¡Que no solo está vestida,
sino de rigor armada!

(Ha de haber en el tablado una fuente, donde ha de haber estado todo este tiempo Laura, junto a ella, hinchiendo el cantarillo.)

Laura   ¡Cielos! ¡Toda estoy turbada,
                de ver este hombre, ofendida!
                   ¡Yo pensé que no volviera

de la corte al monte más!

César   ¡Deténte! ¿Dónde te vas?
¡Espera, Dafne ligera!
   ¡Plegue a Dios que en el laurel
donde ella se transformó
te vuelvas, para que yo
ciña mi firmeza dél!
   Supe que tomar no quieres
mi presente, para ser
diferente, aunque mujer,
de las más de las mujeres.
   Hasme enojado, pues veo,
aunque esto siempre lo vi,
que no me estimas a mí,
pues no estimas mi deseo.
   Que yo te enfade, no es mucho,
pues que no me tienes fe.

Laura   De mí me espanto, a la he,
César, de ver que os escucho.
   Sepamos qué obligación
de no tomar me caería,
lo que vuestro amor me envía,
adonde falta razón.
   Si hubiera correspondencia
de mí a vos, y despreciara
vuestros dones, yo pensara
que eran efetos de ausencia;
   pero si no puedo yo
igualaros ni quereros,
¿de que podéis ofenderos?

César   Igualarme, ¿cómo no?

Que no me meto en quererme,
pues imposible ha de ser
despertar una mujer
que a tan fieros golpes duerme.
¿Qué te falta, o qué no sobra
en tu valor para mí?

Laura   ¿No me entendéis?

César   Laura, sí.

Laura   César, quien obliga, cobra.
No os canséis en obligarme:
yo tengo resolución,
que mil libras de pasión
no dan de gusto un adarme.
Basta que nuestros criados
a vos se vuelven corridos
de verse tan resistidos
de mis intentos honrados.
No permitáis vos también
venir aquí donde os venza,
para volver con vergüenza
de mi forzoso desdén.
Pues os basta estar corrido
de ver que un liviano amor
querrá derribar mi honor,
tantos años defendido.
No suelen los caballeros
venir por aquí a estas horas
a burlar las labradoras
con regalos lisonjeros.
Esas vanas falsedades,
llenas de palabras feas,

no son para las aldeas,
gastaldas en las ciudades.
    Que os juro que no podréis
vencerme, aunque más finjáis,
si en esta fuente os tornáis
con lágrimas que lloráis.
    Y esto no es desprecio, no,
que fuera descortesía,
mas sola estimación mía
y honor que profeso yo.
    Tengo un padre viejo, y tal,
que puesto que es molinero,
como al Duque le venero,
vuestro señor natural.
    Y cuando no le tuviera,
por mí sola no bastara
el Rey que me conquistara
para que a Dios ofendiera.
    Ya no hay remedio que os cuadre,
pues que son tres contra vos:
mi padre, después de Dios,
y yo, después de mi padre.

César   No te preguntaba yo
toda aquesa historia junta.

Laura   Por no escuchar la pregunta,
la respuesta se alargó.

César   Mil veces estoy pensando
que te falta entendimiento.

Laura   Que te sobra atrevimiento
siempre estoy considerando.

César	¿No conoces que merezco una mujer, sea quien fuere?
Laura	La que queréis, si no os quiere, como necia la aborrezco.
César	Luego ¿aborréceste a ti?

Laura	No, que vos no me queréis,
	porque solo pretendéis,
	César, burlaros de mí.
	    Quien quiere, quiere el honor
	y el bien de aquello que quiere;
	quien quiere el gusto, prefiere
	al santo honor el amor.
	    César, mi honor defiendo.

César	No le puedes tú perder,
	pues siendo humilde mujer,
	enriquecerte pretendo.
	    No te faltará marido;
	y que mi mujer te hiciera,
	no dudes, si no tuviera
	al Médicis ofendido.
	    Yo lo sé, porque lo temo,
	puesto que tu amor me anima,
	que aunque en extremo me estima
	me aborrecerá en extremo.
	    Amóme por mi virtud;
	si en mí conoce esta falta
	una persona tan alta,
	y de tanta rectitud,
	    no me ha de ver más la cara.

Vuelve tú por mi opinión,
que no es bien que tu afición
me venga a costar tan cara.
  No fundes en interés
del honor lo que es mejor;
fúndate en amor, que amor
se paga en lo mismo que es.
  Laura mía, Laura bella,
más bella y más dura que el
alma de piedra en laurel,
que al mismo Sol atropella.
  Que eres laurel bien se entiende
de ese tu intento y valor,
pues el rayo de mi amor
no te toca ni te enciende.
  Si no fuera voluntad
tan del alma aquesta mía,
muchas mujeres había
hermosas en la ciudad.
  No soy yo tan desechado,
no tan viejo, ni tan feo,
que no fuera mi deseo
de algunas de ellas amado.
  Si tienes entendimiento,
conoce aquesta verdad,
y verás que su beldad
no es honesto pensamiento.
  Mi llanto, pena y tristeza
te muevan del César hora;
que en fin, cuando un hombre llora,
grande amor o gran flaqueza.

Laura   Ya conozco el falso estilo:
por la fecha sé la mano;

                    no conmigo, cortesano,
                    lágrimas de cocodrilo.

César   Mira, que me mataré.

Laura   Mejor es que no matarme;
                    quiero el oído taparme.

César   ¿Eres piedra?

Laura   No lo sé,
                        pero mejor es quitar
                    la ocasión.

César   Laura bella,
                    ¿qué desesperada estrella
                    un bronce me obliga a amar?

Laura   Déjame.

César   Dame a beber
                    con aquesa cantarilla;
                    yo volveré luego a henchilla.
                    Hazme, Laura, ese placer.
                        Dame esa agua.

Laura   ¿Agua pedís?

César   Sí, para templar la boca.

Laura   Es toda esta agua muy poca
                    para el fuego que decís.
                        Tomad, bebed.

César	Muestra.
Laura	¡Cielo,

poned alas en mis pies!
Que está loco, y si lo es,
corre peligro mi celo.
    Por estas ramas me voy.

(En tanto que está bebiendo César, se va Laura.)

César   ¡Laura, Laura, Laura mía!
Seguirte, Laura, podría,
y dejar de ser quien soy.
    Pero si Apolo corrió
tras de otro duro laurel,
tras quien es lo mismo que él,
¿qué mucho que corra yo?
    Pero no, que si la sigo,
cuando la venga a alcanzar,
o la tengo de forzar,
o la he de llevar conmigo.
    ¿Qué dije? ¡Válgame Dios!
¡Deténte, amor, que eres loco!
¡Honor, detenelde un poco,
pues que sois tan cuerdo vos!
    ¡Detened este caballo
tan fuerte, que me despeña!
¡Mirad que es fuego, y soy leña,
que es rey y que soy vasallo!
    Ya habla el honor; pues hable
no de Laura, laurel, roble;
como es villana y soy noble,
hay diferencia notable.
    Si fuera un tosco villano,

no se ofendiera de mí;
mas no voy bien por aquí,
pues el argumento es llano.

Si noble la quiero bien,
siendo villana tan llana,
bien puede, siendo villana,
querer a un noble también.

¡Terrible fue mi desdicha,
no puede llegar a más!
¿De cuál amante jamás
ha sido escrita mi dicha?

¡Que una labradora humilde
me quite el Duque, mi dueño,
la corte, el sustento, el sueño!
¡Cielos! que muero, decilde.

Volved por mí, que estoy loco,
no de amor, de lo que pierdo;
que cualquiera que ama es cuerdo
mientras que le cuesta poco.

Mal me defendéis, honor;
volvedme a reprehender.
Yo, César, ¿qué puedo hacer
donde tanto puede honor?

Laura es hermosa, es cruel,
quiere a un laurel, que es lo propio.
Bien dice, no es medio impropio:
¡alto! buscaré un laurel.

Vele aquí, mas son antojos,
haréle ¡por Dios! pedazos;
tiene ramas, no son brazos,
tiene hojas, no son ojos.

¡Qué triste imaginación!
Pues que consolarme quiero,
perdiendo lo verdadero

con los que retratos son.
   Árbol para triunfos ciertos,
como fueras para mí,
coronárame de ti
si fueras árbol de muertos.
   Si en las vitorias has sido
premio del que puede más,
¿cómo para mí serás?
que soy de Laura vencido.
   Dicen que no crece amor
donde no hay correspondencia
y que con la resistencia
ha venido a ser mayor.
   Yo amo y no soy amado:
paga mi amor con olvido.
¿Cómo he de ser escogido,
pues apenas soy llamado?
   ¡Que me abraso, que me muero!
Piedad de mis dulces ojos,
¡tantos villanos enojos,
a un alma de un caballero!
   Desnudaréme; haré cosas
que muevan a compasión.

(Sale Belardo.)

Belardo   Estos los mármoles son
de aquellas fuentes hermosas
   donde a mi Laura dejé.
Laura mía, mas ¡ay, triste!

César   ¿Volviste, Laura? ¿Volviste?

Belardo   Sin duda Laura se fue.

César	¿Quién eres, que a mi dolor estás presente?
Belardo	¡Ay de mí! ¿César no es aquéste? ¡Sí, y de esta quinta el señor! Algún mal grave le ha dado, ¿Qué tenéis? ¿Qué habéis habido?
César	Desdichas, amigo, han sido, de un mal nacido cuidado.

Belardo	¿Estáis acaso en desgracia
	del Duque? Habráos descompuesto
	envidia, que suele presto
	trocar en odio la gracia.
	  ¡Ah, palacio mal seguro!
	Ved lo que puede el mandar:
	que es la envidia en el bajar
	lo que la yedra en el muro.
	  Señor, haced buena cara
	a la Fortuna, aunque fiera,
	porque ninguno subiera,
	si no es que alguno bajara.
	  Quiero avisar en la quinta
	antes que se pase el día;
	pienso que en la fantasía
	algunas quimeras pinta.
	  Lo que acude de tropel
	a un cortesano perdido,
	memorias de lo que ha sido
	cuando ya no rezan dél.
	  Quiero avisar a Teodoro

y a los que con él están,
adónde hallarle podrán.

(Vase.)

César   Al fin, Laura, yo te adoro.
Estaba en mi fantasía
consultando la Razón,
por ver si era obligación
quererte bien, Laura mía.
Sentóse el Entendimiento
en su silla a presidir;
dio la Memoria en venir
con el uno y otro cuento.
Alegó de tu hermosura
la vista méritos tales,
que más fueron celestiales
que no de mortal criatura.
Replicó el Honor que fuiste
villana y mi desigual,
que era contra ti fiscal,
y supo cómo naciste.
Amor, tu procurador
dio una petición por ti;
pidió término, y en ti
fue buen término el rigor.
Sacó un desprecio el proceso
de tus desdenes tan malo
que apenas hubo un regalo
testigo en todo el suceso.
Y estando toda la sala
en aquesta confusión,
dijeron a la Razón
más de alguna razón mala.

Echando al Entendimiento
con una extraña crueldad,
dieron a la Voluntad
la presidencia y asiento.
    Y ella, como juzga ciega,
aunque jamás te ofendí,
me manda entregar a ti:
¡ved a qué fuego me entrega!
    Tú, sin guardar el decoro
de reina, tan mal me tratas,
que te adoro, y tú me matas,
y en fin, Laura, yo te adoro.

(Salen Otavio, Carlos y Teodoro.)

Otavio   No hubiera yo venido, ni dejara
                    que él viniera, Teodoro, si supiera
                    que su mal se aumentara de esta suerte.

Carlos   A lástima notable me ha movido.

Otavio   Podrá mover, señores, a las piedras.

Carlos   ¿Es aquél que allí está medio desnudo?

Teodoro   Él es, sin duda.

Otavio   ¡Ah, César! ¿Qué es aquesto?
                    Los caballeros nobles, los que aspiran
                    a gobiernos, a fama, a pretensiones
                    dignas de la nobleza de su sangre,
                    los que son el espejo de la corte,
                    en quien también sus ojos pone el príncipe,
                    toman los demás virtuoso ejemplo,

¿se dejan olvidar de esta manera,
del ser, gobierno, mando, obligaciones,
espejo, ejemplo y lo demás que debe
un hombre a ser quien es?

Carlos   Muy mal parece,
señor César, que un hombre de las partes
que Dios ha puesto en vos, las aventure
de esta manera por tan vil sujeto.
Esto no es cosa que ella lo agradece.
Si fuera una señora que entendiera
esos efetos de un amor tan loco,
y dándoles lugar en la memoria
los pagara después con muchas lágrimas,
no fuera mucho hacer esas locuras;
pero una villaneja que no sabe
más de llevar el agua a su molino
e ir al monte, a la corte y al aldea
con la carga del pan y de la leña,
y por ventura sufre los requiebros
de algún villano con mejores ojos,
es lástima que os quite la memoria
de quien sois, tan a costa de la vida,
y no menos del alma y de la honra.

César   Corrido estoy que así me hayáis hallado,
y de que Carlos como estoy me vea;
que en fin, Otavio, de mi mal testigo,
no importa que lo fuera en mis flaquezas.
Carlos, mancebo sois, hombre de ingenio,
¿quién duda que sabréis por experiencia
o por lo que en los libros habréis visto,
la gran fuerza de amor?

Carlos	¿Queréis agora darnos disculpa?
César	¿No es razón?
Carlos	No, César, sino entrar en su casa libremente, quitársela a su padre aquesta noche, y en gozándola, darla algún dinero, que lo tendrán los dos a gran ventura.
Otavio	Carlos dice muy bien, que entre villanos, la fuerza solamente es de provecho. ¡Mucho entiende de efetos amorosos una hija, por Dios, de un molinero! Estas quejas son buenas para Orlando, desvanecido por la bella Angélica, empero para vos, de ningún modo. Aquí tenéis amigos tan del alma, que por vos perderán hacienda y vida, criados en la quinta y buenas armas. Vamos luego, que el manto de la noche encubre el Sol, y sin gastar palabras, lágrimas, quejas, voces y suspiros, la gozaréis a todo vuestro gusto.
César	Amigos, ya parece que serena su cara el cielo, que se quita el aire, que ha parecido el Sol, la luz hermosa, que se tranquila el mar, que llego al puerto. Dadme aquesta mujer de cualquier modo.
Otavio	¡Qué grave Elena, que robar intentas! Perdiérase Florencia como Troya.

¡Vamos de aquí!

César	Bien dices, que el más pobre es quien menos amigos tiene y goza, y aquel que tiene más, ése es más rico. Vosotros sois, amigos, mi riqueza; por vosotros saldré de esta locura, que amor gozado, puesto que estoy loco, bien sé que para en arrepentimiento. ¡Vamos! Y tú, Teodoro, prevén armas.
Otavio	Armas y gente, la que basta y sobra.
Teodoro	Bastan media docena de arcabuces, para cuarenta mundos de villanos.
César	Y más si se fabrican de mi fuego.
Carlos	Presto verás tu gusto.
César	¡Ah, Laura, ingrata, así se ha de tratar a quien maltrata!

(Vanse y salen Roselo con una alforja, Doristo con una cesta tapada, y Laura.)

Laura	¿Que de Florencia venís? ¿Que habéis en Florencia estado?
Roselo	Y aun hubiéramos llegado a Nápoles y a París. No hemos dejado botica donde no hayamos mostrado las cédulas.

Laura   ¿Que os han dado
lo que pedí?

Doristo   ¡Cosa rica!

Laura   Pues ¿de adónde lo traéis?

Doristo   En Florencia un estudiante,
pienso que era nigromante,
por cinco reales o seis,
    nos dio bastante recado.

Laura   ¿Traéislo?

Roselo   Yo traigo el mío
en esta alforja, que fío
que viene muy bien guardado.

Laura   Muestra a ver.

Roselo   Este papel
es la flor de azar de dados,
que son dos ases pintados
a manera de clavel.
    Ésta es del ángel la pluma,
que de un retablo quitó,
que allí de bulto halló,
que no en el cielo presuma.
    Éste es papel de arrebol
de cierta Luna menguante,
y éste, leño del gigante,
el palo del guardasol.
    Las coces de los caballos
del Sol traigo en este lomo:

Sol se llama un mayordomo,
y fui a su casa a esperallos.
   Ésta es cáscara del huevo
del cisne, y ésta la oliva
de la paloma.

Laura
     ¡Así viva,
que eres gallardo mancebo!

Roselo
   El humo de la escopeta
traigo en esta caja.

Laura
     A ver.

Roselo
Saldráse, no es menester
vello; lo que es del poeta
   varias imaginaciones,
traigo en aqueste librito,
y dentro de este vasito,
del mosquito los riñones.

Laura (Aparte.)
   (Bravamente lo han cumplido.
Alguno los ha engañado.)
Muestra tú.

Doristo
   También he hallado
todo lo que me has pedido.
   La tos de Lucrecia es ésta.

(Tose Doristo.)

Laura
   Tente, bueno está.

Doristo
     El viento

de la nave cogí a tiento,
y traigo en aquesta cesta.

Laura   Muestra.

Doristo   No tiene color,
ni cuerpo para tocar,
pero tan cierto es estar,
como yo que os tengo amor.
               Éste es hilo de Teseo.

Laura   ¿Tan gordo?

Doristo   Hilólo su agüela
que era ya muy vieja; en vela,
no tiene sueño Morfeo,
               pero venid a mi cama
desde las once a las seis,
adonde hallarle podéis.

(Sale Lucindo, padre de Laura.)

Lucindo   Siempre al lado de su dama,
               siempre acá en conversación.
¡Váyanse al monte malhora!
¡Y qué ufana la señora
está oyendo su razón!

Laura   ¿Yo, señor?

Lucindo   Yo, señor, pues;
¡váyanse luego!

Roselo   Sí harán.

Lucindo	Pues ¿qué aguardan?
Roselo	Ya se irán, que no se han de ir en sus pies.

(Vanse los dos.)

Lucindo	¿Para qué, Laura, entretienes estos necios?
Laura	Preguntaba lo que en Florencia pasaba, como cuando de allá vienes.
Lucindo	Hija, una honrada mujer no tiene que preguntar; del preguntar y el hablar nace luego el responder; del responder, la amistad, del amistad, el desprecio, y más, amistad de un necio, que es peste la necedad.
Laura	Ya tienes satisfacción de que, aunque vivo sin madre, sé que te tengo por padre, y que sé tu condición. Si la honra se perdiese, en tu pecho se hallaría.
Lucindo	Lo que la bajeza mía a lo menos permitiese. Pero en ser de labrador,

que en esto es común la ley,
que entre el labrador y el rey,
hago espejo del honor.
   El cortesano se nombra
con diferente grandeza,
mas no hay pelo en la cabeza
que no piense que hace sombra.
   Haz, por tu vida, que allá
no traten esos de ti,
porque tu remedio en mí
no duerme, despierto está.
   Este Belardo es buen mozo,
y ha que sirve muchos años.

Laura   ¿Finges aquestos engaños,
por verme el alma en el gozo?

Lucindo   No, sino porque es mi gusto.

Laura   Y el tuyo mi voluntad.

Lucindo   Ruido siento, y en verdad
que a estas horas me disgusto.

(Salen César, Otavio, Carlos, Teodoro y gente con escopetas.)

César   Entrad con libertad.

Otavio   ¡Mirad qué alcázar,
sino un molino pobre!

Lucindo   ¿Qué es aquesto?
¡Oh, vecinos! ¡Oh, César!

César	¡Oh, Lucindo!
Lucindo	¿Háseos perdido acaso alguna caza?
César	La caza que buscamos es aquésta: asid a Laura.
Lucindo	¡Ay, desdichado! ¡Ay, mísero de mí! César, ¿qué haces?
César	Andad, buen viejo, que ésta es honra vuestra; yo daré buen marido a vuestra hija y a vos muy buena renta, de manera que dejéis esa vida trabajosa.
Lucindo	No soy, traidor, aunque villano pobre, tan vil que venda yo mi propia sangre, ni padre tan avaro, que mi hija te dé por la codicia de tu hacienda. Que en aqueste molino derribado soy más bueno que tú cuarenta veces en tu quinta pintada y llena de armas; que esta harina que cubren estas puertas es más limpia que el oro de las tuyas.
César	Buen viejo, si queréis guardar la vida, no habléis en ofensa de mi gusto.
Lucindo	¿Sabes que hay Dios?
César	¡Pues no!
Lucindo	¿Sabes que hay duque?

César	Y le sirvo en su casa.
Lucindo	Pues avísote.
Laura	¡Ah, padre! ¡Ah, padre mío! ¿Así me dejas en poder de estos fieros?
Lucindo	Hija mía, si te comprara con piadosas lágrimas, si con la sangre de mis secas venas, no dudes que la diera por tu honra.
César	Tirad con ella.
Laura	¡Ah, padre!

(Llévanla, y queda solo Lucindo.)

Lucindo	¡Ah, fiero bárbaro! ¡Águila, que me llevas mi paloma! ¡Valiente, que a un pobre molinero...! ¡Ah, gente! ¡Amigos, hola!

(Salen Belardo, Roselo y Doristo, molineros.)

Belardo	¿Qué es esto? ¿Que dais voces?
Roselo	¿No os vais ahora, bueno?
Lucindo	A mi Laura querida lleva César.
Belardo	¿César, el dueño de esta casería?
Lucindo	César es dueño de esta infame hazaña.

Belardo	¡Vamos allá! ¡Rompámosle las puertas!
Lucindo	¿Con cuáles armas?
Belardo	Piedras son bastantes.
Lucindo	Venid conmigo.
Doristo	¡Oh, perro!
Roselo	¡Ay, Laura mía!
Lucindo	¡Justicia, Duque de Florencia!
Roselo	¡Ah, cielos!
Lucindo	¡Justicia, noble Médicis!
Doristo	¡Da voces!
Belardo	No temas, pues a todos nos conoces.

Fin de la segunda jornada

Jornada tercera

(Salen Lucindo, Belardo y Roselo.)

Belardo   Parece que a entrar no aciertas.
                            ¿Qué tienes ya que temer,
                            honra, fama y vida muertas?

Lucindo   Apenas oso poner
                            los ojos en estas puertas.

Roselo   ¿Qué mal te puede venir,
                            pues que vienes a pedir
                            tu justicia?

Lucindo   Temo entrar.

Roselo   Prevén un honesto hablar,
                            y está seguro al salir.

Lucindo   Ofendo al mayor señor
                            del mundo en este temor,
                            que dudar de su justicia
                            es ofender con malicia
                            la fama de su valor.
                            Es el Médicis famoso,
                            tan justo con el que es rico,
                            con el pobre tan piadoso,
                            tan igual al grande y chico,
                            tan freno del poderoso,
                            que le agravio en no atreverme.
                            ¿Qué hará agora?

Roselo   Acaso duerme,

que estos señores muy tarde
se levantan.

Lucindo   Dios le guarde;
aquí puedo entretenerme.
    ¡Qué bellísima portada!
    ¡Válame Dios, qué de pechos
tienen por aquí la entrada!
unos a lisonjas hechos
y otros con filos de espada.
    ¡Qué de quejosos también!
o porque favor les den
o porque les pagan mal.
En fin, éste es un caudal
de un gran linaje de bien.
    Representa a Dios un hombre
que está puesto en este estado.

Belardo   Calla, padre, y no te asombre
haber en su casa entrado
sin traje, vestido y nombre,
    pues como dices, conoces
su valor.

Lucindo   A su valor
dará mi justicia voces,
que atrás deja en el temor
las hojas de honor feroces.
    Estas doradas molduras,
estas puertas levantadas
con ricas arquitecturas,
sin ser de justicia honradas,
fueran humildes y oscuras.
    No las columnas en torno,

no los jaspes con adorno:
la justicia los realce,
que no quiere que se ensalce
la lisonja y el soborno.
    Estas armas bien ganadas,
no por estar bien grabadas
esas grandezas merecen;
por justicia resplandecen
en las tarjetas doradas.

Belardo   ¡Qué de historias hay aquí!
Todas son claras hazañas
de los Médicis.

Lucindo   Yo fui
testigo en tierras extrañas
y en las propias muchas vi.
    No siempre fui labrador,
algún tiempo fui soldado.

Roselo   ¡Oh, cómo muestra valor
en aquel caballo armado!

Lucindo   No fue el de Marte mejor.
    Esta gran casa fundó
Cosme de Médicis.

Belardo   ¡Qué hombre!
El mundo dél se admiró.

Roselo   No se olvidará su nombre.

Lucindo   ¡Qué bien le conocí yo!

Roselo	¿Para qué se labra aquí esta insigne fortaleza?
Lucindo	Alejandro quiere así asegurar su cabeza.
Roselo	Pues ¿tiene enemigos?
Lucindo	Sí, que la virtud soberana, nunca deja de seguilla la envidia fiera inhumana.
Belardo	¿Esta casa es maravilla? ¡Deleite es Villacayana!
Lucindo	Ésa labróla Laurencio de Médicis.
Roselo	Dad silencio, que sale el gran Duque a misa.
Lucindo	Poco en la real divisa del griego se diferencia.

(Sale el Duque Alejandro, con guardas, y Celio.)

Roselo	Agora puedes llegar; atraviésate a sus pies y no le dejes pasar.
Lucindo	¡Señor! ¡Ah, señor!
Alejandro	¿Quién es?

Lucindo	Yo soy, que te quiero hablar.
	Si jamás, señor, tuviste
	lástima a algún hombre triste,
	huérfano y desconsolado,
	tenla de mí, que he llegado
	a un mal que jamás oíste.
	La pobreza de este viejo,
	la desventura y lealtad
	en tanta edad, sin consejo:
	no apartes tu autoridad
	de que les sirva de espejo.
	Mírame, y verás en mí
	un agravio que me han hecho,
	y también es contra ti,
	que llamado de tu pecho,
	osé llegar hasta aquí.
	Tu justicia acostumbrada
	y tu virtud: no es posible
	que no levante la espada,
	con que maldad tan terrible
	pueda quedar castigada.
	Que si se disimulase
	y sin castigo quedase,
	no hay duda de que otra gente
	se atreviese hasta tu frente,
	y de ella el laurel quitase.
Alejandro	Buen viejo, apártate aquí,
	donde los que me acompañan
	no te oigan.
Lucindo	Harélo así.

Alejandro	¿En qué lágrimas se bañan tus barbas?
Lucindo	¡Triste de mí!
Alejandro	Amigo, aunque las culpas y delitos graves y de importancia, es justa cosa castigallos en público, mil veces de la improvisa furia pesa al príncipe, porque el pecado es natural al hombre, y si tomarse de él enmienda puede sin la severidad del grave escándalo, y no excediendo de las leyes lícitas, parece que el juez le da más crédito. Esto te he dicho, porque en tus palabras me has dado a sospechar que te ha ofendido alguno de mi casa, y no querría afrentarlos en público, pudiendo castigar en secreto su delito. Dios puso por pastores a los príncipes para que guarden, velen y reparen la más ínfima plebe, no sufriendo que el poderoso y rico los agravie; dime aquí, sin que nadie nos entienda, de qué te quejas, y la causa.
Lucindo	Escucha: sabrás qué es, y que la causa es mucha. Sobre las aguas del río que por la ribera corre de esta famosa ciudad, tu patria y de tus mayores, famoso Duque Alejandro de Médicis, cuyo nombre

vive, a pesar de la envidia
de lenguas en mil naciones,
tengo un molino en que vivo:
cien ovejas, dos pastores,
hacienda de mis abuelos,
¡qué mayorazgo tan pobre!
Seguí mozuelo las armas,
los romanos atambores,
antes que pasase a Francia
Carlos a los españoles.
Guiábame la virtud,
y el natural retiróme
adonde colgué la espada
y troqué el laurel en roble.
Caséme y tuve una hija;
murió su madre y quedóme
por gobierno y compañía,
aunque con años catorce.
Fue creciendo en la virtud
y en los años, cuyos loores
no te digo por ser padre,
que dirás que son conformes.
Ya que estaba en buena edad
para casarla, se opone
mi desdicha a su virtud.

(Llora.)

Alejandro   Prosigue, amigo, no llores.

Lucindo   Cerca de aqueste molino
labró un caballero noble
una casa de placer,
casi a la mitad del bosque.

Apenas oso decirte
el nombre, porque es el hombre
que más quieres en tu casa,
y más estima tu corte.
Pero, pues es tan forzoso,
si las señas no conoces,
César se llama, en quien cesa
de los Césares el nombre.
Salió a caza, señor,
este César por los montes,
ya con los ligeros perros,
ya con los pardos halcones.
Y alguna vez, que por dicha
topó con Laura en las flores
de un prado, que de unas peñas
las vertientes aguas coge,
se enamoró de tal suerte,
que procuró desde entonces
vencerla con sus regalos,
moverla con sus razones;
mas viendo que era imposible,
y que el oro y seda en cofres
era contrastar con vidrios
de su honestidad las torres,
con sus criados y amigos
vino a mi casa una noche,
con más armas y arcabuces
que si los quitara a Londres.
Y de mis brazos, que ya
sus secos nervios encogen,
la fría sangre en las venas,
aunque corazón me sobre,
me robó mi amada hija
con tan infames razones

que a mí me daba dinero,
y a Laura, marido y dote.
Asíase la cuitada
a mis brazos, dando voces
para que fuesen mis canas
sagrado de sus traiciones.
Pero cual suele el villano,
que con la segur de un golpe
derriba el olmo y la hiedra,
así nos aparta y rompe.
Llevómela de mis brazos,
gran Alejandro, y llevóme
el alma y el honor mío,
y a su castillo se acoge.
Mira tú si has visto padre
con más tristes ocasiones
de dolor y de ventura
en tan notable desorden.
Junté mi pobre familia
por armas y petos dobles,
mohosas lanzas y espadas,
que el largo tiempo corrompe.
Y en llegando a sus puertas
a las ventanas se ponen,
y quizá por espantarnos,
ponen al hombro las voces
y tiran tres arcabuces,
a quien el eco responde,
cuyo plomo, si le había,
no quiere Dios que nos tope.
Yo, viéndome sin remedio,
dejo el robo y los traidores,
y echándome en aquel suelo,
pienso abrir su centro a voces.

Pasé dos días así,
y el ver que hay Dios levantóme
una noche al cabo de ellos,
y cercó la casa y monte,
donde a mis tristes suspiros,
acaso, no sé por donde,
Laura dijo: «Padre mío,
ya que este villano torpe
satisfizo sus deseos,
atada y muerta, no enojes
al cielo, pues en la tierra
hay príncipes y señores.
Vete a los pies del gran Duque,
y porque el caso disforme
no pienses que es por mi culpa,
esos cabellos recoge».
Arrojóme los cabellos,
que con sus manos feroces
se arrancó Laura llorando,
y díjeles mil amores.
Besélos, y en mi arrugado
pecho los puse, y sirvióme
de víctima su sustento,
que me faltaba tres noches.
Vine desde allí a tus pies
para que venganza tome,
y para aqueste castigo
de laurel tu frente adornes.

Alejandro   Buen viejo, no te aflijas, que contigo
tengo el crédito justo, que este agravio
tendrá presto el castigo que merece;
mas guárdate: no sea que levantes
a César este grave testimonio

y me obligues a cosa que te cueste
quitarte la cabeza de los hombros,
porque César es hombre bien nacido,
bienquisto de mi casa y de mi corte
y con fama de casto y venturoso;
pero siendo verdad, no pongas duda,
que no te quejarás de que Alejandro
no te hizo justicia.

Lucindo   Señor mío,
el caso es cierto, y para prueba basta
que tenga allá mi hija; vuestra alteza
puede enviar juez, siendo servido,
y verá que es verdad.

Alejandro   Pues vete luego
a tu casa, donde hoy seré tu huésped,
y allí sin falta comeré contigo,
y guárdate: no digas esto a nadie.

Lucindo   Guárdete el cielo. Vamos, hijos míos.

Belardo   ¿Qué has negociado?

Lucindo   Oiréislo en el camino.

(Vanse Lucindo, Roselo y Belardo.)

Celio   ¿Qué te quieren, señor, estos villanos?

Alejandro   Hame dicho aquel viejo que en su tierra
anda un gran jabalí que le destruye
su hacienda, y con mil lágrimas me pide
que solamente... Haz, Celio, por tu vida,

que mientras oigo misa, ensillen.

Celio   Creo
que le dieras albricias al villano.

Alejandro (Aparte.) (¡Así, César traidor! Agora entiendo
la causa de este mal, y lo que había
para dejar de hacer el casamiento
que os estaba tan bien; pues estad cierto
que no venza mi amor vuestra malicia,
ni en los Médicis falte la justicia.)

(Vanse, y salen Dantea y Doristo.)

Dantea   ¿Por adónde la has hablado?

Doristo   Por detrás de su jardín,
entre unas matas echado,
porque allí fuera mi fin
si fuera de alguno hallado.

Dantea   ¿Qué tal está?

Doristo   Sin sentido.
No la hubiera conocido
por la cara tan feroz
que allí tiene, si la voz
no me tocara al oído.

Dantea   ¿Qué te dijo?

Doristo   Mil tristezas,
de mil lágrimas bañadas,
a quien hasta las durezas

de estas montañas peladas
ablandaran sus ternezas.
   Contóme cómo la había
aquel tirano forzado,
y cómo se defendía;
yo, enamorado y turbado,
más lloraba que entendía.
   Dijo que estaba encerrada
en un aposento.

Dantea   Acaso
estará de él olvidada,
porque es el segundo paso
de toda mujer gozada.
   En la iglesia dijo el cura,
Doristo, que cuando Amón
gozó con fuerza perjura
de su hermana y de Absalón,
que fue [Tamar] la hermosura,
   de suerte la aborreció,
que ella mucho más sintió
que la echase aborrecida,
que la honestidad perdida,
aunque al alma le llegó.
   Y así pienso que estará
Laura aborrecida ya,
de ese florentín Tarquino.

Doristo   ¿Quién viene por el camino?

Dantea   No llames, que cerca está.

Doristo   Si no me engaña, Dantea,
esa rama de taray.

Dantea	No es señor; para bien sea.

(Salen Lucindo, Roselo y Belardo.)

Lucindo	¡Dantea!
Doristo	Nuesamo, ¿qué hay?
Lucindo	Lo que es bien que el mundo crea de tal príncipe y señor, de un Médicis, en efeto, donde es tan propio el valor.
Belardo	¡Qué príncipe tan discreto!
Roselo	¡Qué santo legislador!
Lucindo	Ya viene a comer aquí.
Roselo	Solo diz que quiere entrar.
Lucindo	Aunque labrador nací, de comer le quiero dar.
Dantea	¿Decíslo de veras?
Lucindo	Sí. Ve, por tu vida, Dantea, y adereza que coma, como con presteza sea.
Dantea	Muestra aquesas llaves.

Lucindo	Toma, y como al uso de aldea.

(Vase Dantea.)

Belardo	Su nobleza, padre, es tal, que se hallará entre el sayal, y comerá a nuestra mesa.
Lucindo	De que no tenga, me pesa hoy, de Alejandro el caudal. Sacad una mesa aquí, con los manteles mejores.

(Va Doristo por la mesa.)   ¿No canta Tirrena?

Roselo	Sí.
Lucindo	¿Y Lauso?
Roselo	También, que ignores...
Belardo	De eso me espanto.
Lucindo	¡Ay de mí, estoy sin entendimiento!
Belardo	Lucindo, mostrad contento y verá el Duque mejor que tenéis honra y valor, y que hacéis su mandamiento.
Lucindo	Bien decís, porque ninguno de los que vienen con él sabe mi mal importuno;

está la venganza dél
en que no lo sepa alguno.

(Saca Doristo una mesa muy pobre.)

Roselo   Aquí ya la mesa está.

Lucindo   ¡Qué pobreza!

Doristo   ¿No está limpia?
                    ¿Qué pena, Lucindo, os da?

Roselo   Por aquel pie se columpia.

Lucindo   Ponle un canto.

Roselo   Bien está.

Lucindo   ¿Toallas?

(Ponen unos manteles y servilletas toscas.)

Belardo   No son sencillas,
                    pero son de Laura y tuyas.

Lucindo   ¿Hay silla?

(Saca una silla de costillas, mala.)

Doristo   La de costillas.

Roselo   Tendrá en el aire las suyas,
                    si acá no hay bordadas sillas.

Lucindo	¿Habrá principio?
Doristo	No sé; legumbre es nuestro principio.
Roselo	En tus alientos se ve.
Belardo	Comerá Doristo un ripio, como entre alcorzas esté.
Doristo	Vos, en adobo, un jumento.
Lucindo	Eso, sí; mostrad contento.
Belardo	¿Qué mayor se ve, ni alcanza, que el día de la venganza?
Lucindo	El cielo sabe el que siento.
Doristo	Ruido de gente suena, que del molino el ruido encubre.
Lucindo	¡Sea enhorabuena!
Roselo	¡Señor, el Duque ha venido! Tu venganza el cielo ordena.
Belardo	Él entra.

(Salen Alejandro, Duque, y gente de guarda, y Celio, de caza.)

Lucindo	¡Oh, heroico señor! ¡Qué inmortal ha de vivir

mi casa con tu valor,
que veo de grandeza henchir
con las obras de tu honor!
    El río corre más fuerte:
sospecho que viene a verte,
y como en las ruedas toca,
a música las provoca
por donde sus aguas vierte.
    Todas estas alamedas,
parece que están cantando
a imitación de las ruedas,
porque dice el viento blando
que no están las hojas quedas.
    Por este monte vecino
resuena el monte un divino
acento a las aves junto,
llevándolas contrapunto
la cítara del molino.
    Trigo vierten los graneros
ya sobre las tolvas, blancos;
todos estos molineros
se han puesto vestidos blancos
por venir de fiesta a veros.
    Mirad bien cómo pasáis,
que os teñiréis con la harina;
pero no, que ya lo estáis
de la grandeza divina
que hoy a los Médicis dais.
    Si queréis de nuestro oficio
parte, altísimo señor,
tomar aqueste ejercicio,
porque tenga más valor
lo que sabéis que codicio.
    Que este río, hacer me obligo,

de cristal, sus arboledas
de esmeraldas, como digo,
y moleré en estas ruedas
aljófar en vez de trigo.

Alejandro   Buen huésped: yo estoy contento
de tu buen acogimiento,
que estas humildes cabañas,
en tus sinceras entrañas,
hacen un rico aposento.
   Ya que en tu molino ves
mi persona, es bien que al doble
te estimes.

Lucindo   Beso tus pies.

Alejandro   Para que un noble a algún hombre
puedas igualar después.
   ¿Cuándo iremos a buscar
aquel fiero jabalí?

Lucindo   Aún no acabas de llegar;
descansa, señor, aquí,
pues te deja descansar,
   que no se nos puede ir.

Alejandro   ¿Eso habemos de temer?

Lucindo   Ha hecho para dormir
cama de yerba y placer.

Alejandro   Pues yo le sabré seguir,
   en caso que se levante.

Lucindo	Metió una cierva, señor, en su casa el arrogante, y con extraño furor la deshizo en un instante.
Alejandro	Pues si él tiene qué comer no saldrá de su acogida.
Lucindo	Allí le puedes coger.
Alejandro	Costarle tiene la vida, o yo no tendré poder.
Lucindo	Justo parece, en verdad, que nos come nuestra hacienda. ....
Alejandro (Aparte.)	(¡Que este villano me entienda, y hable con tal propiedad! ¡Oh, fuerza del santo honor!)
Lucindo	Pienso que os diera dolor la ciervecita que mata.
Alejandro (Aparte.)	(¡Qué bien de su historia trata!)
Lucindo	Del bosque fue la mejor, blanda, tierna, humilde y mansa.
Alejandro	Como agora, que no importa, mientras mi fuerza descansa.
Lucindo	Si este cuello el Duque corta, grandes tiranos amansa.

Sentaos, señor, a comer,
en aquesta pobre mesa.

Alejandro   Yo lo he mandado traer,
mas de mandarlo me pesa,
pudiéndolo vos tener,
    que fue poner en un hombre
tan honrado mal conceto.

Lucindo   La bajeza de mi nombre
os hizo a vos tan discreto.

Alejandro (Aparte.)   (¿A quién hay que esto no asombre?)
    No entre, Celio, la comida;
vuélvase a la gente allá.

Celio   Estaba ya apercibida.

Alejandro   Del huésped la mesa está
antes de esto proveída.

Celio   ¿Meterán un par de platos?

Alejandro   Tampoco aquí he de comer,
que tener aquesos tratos
con quien esto sabe hacer,
es de huéspedes ingratos.
    Sentaos, buen viejo.

Lucindo   Señor,
yo he de servir de rodillas.

Alejandro   Yo os quiero hacer este honor:
tengamos iguales sillas,

que habéis menester valor.

Lucindo   Gran señor.

Alejandro   No repliquéis;
así la presa gocéis
de aquel jabalí arrogante.

Lucindo   Llevando esta luz delante,
vencido me le daréis.

Alejandro   Sentaos.

(Siéntanse en un banquillo.)

Lucindo   Ya, señor, me asiento,
mas no con atrevimiento,
ni el alma arrogancias fragua,
que era de un molino de agua
hacer molino de viento.

Alejandro (Aparte.)   (¡Qué entendido labrador!)

Lucindo   Comed de aquesta pobreza,
ya que gustáis, gran señor,
de cifrar vuestra grandeza,
con hecho de tanto amor.

Alejandro   ¿Qué hay debajo de este plato?
¿Es papel?

Lucindo   Gran señor, sí.

Alejandro   ¡Buen principio!

108

Lucindo	Aunque no trato de esto, por principio os di de esta virtud un retrato.

(Abre Alejandro el papel y léele.)

Alejandro	«El principio de la comida del buen príncipe es la consideración de quien eligió de sus súbditos esté a semejantes horas con hambre de justicia.»
	¡Buen principio! Yo le tomo por tal, y este día le quiero, si así mis descuidos domo.

(Aparte.)	(Pensé que era molinero.
	Con un filósofo como.
	   Alejandro vino a ver
	a Diógenes un día,
	y hoy lo mismo vino a ser,
	y de esta filosofía
	tengo mucho que aprender.)
	   ¿Qué gente es ésta?

Roselo	Han venido a dar placer a su Alteza.
Alejandro	¿Cantan?
Roselo	Lo que han aprendido de este bosque en la aspereza.
Alejandro	En todo discreto ha sido; tengo notable afición

a la música.

Roselo   Tirrena,
                          cantad alguna canción,
                          mientras comen norabuena
                          Júpiter y Filemón.

(Cantan los músicos, que han de haber salido cuando se asienta a comer el Duque.)

Músicos   «El blanco pecho desnudo,
                          entre las pequeñas sierras
                          que del medio levantadas
                          forman una blanca senda,
                          con una sangrienta daga
                          que la esmalta y atraviesa
                          de rubíes y crueldad,
                          está la casta Lucrecia.
                          Mirándola estaba Roma,
                          levantada su cabeza
                          de sus siete montes altos,
                          coronada su soberbia.
                          El Tibre, padre de Remo,
                          llorando lágrimas tiernas
                          quiere anegar la ciudad
                          por satisfacer su afrenta.
                          ¡Oh, Lucrecia desdichada!
                          Que si en el tiempo nacieras
                          de este famoso Alejandro,
                          gran Médicis de Florencia,
                          no te mataras así,
                          pues era cosa muy cierta
                          que él vengara tus agravios,
                          y tú con honra vivieras.»

Alejandro	¿También por acá se sabe esta historia?
Lucindo	Sí, señor.
Alejandro	Tras un principio suave, filósofo labrador, ¿cómo un ejemplo tan grave? Por mi fe, que la comida me ha de entrar en buen provecho.
Belardo	Trae postre.
Lucindo	Que os pida, ya de mi honor satisfecho, sea de vos bien recibida, desatino me parece, siendo vos, señor, aquel que esta humildad engrandece.
Doristo	Aquí hay postres.
Alejandro	Y un papel, por postre también se ofrece.

(Toma el papel Alejandro y léele.)

«El postre de la comida del buen príncipe, es
que a tales horas todos sus súbditos estén
satisfechos de sus agravios.»

No comeré yo jamás
que de esto haya algún quejoso.

(Sale Dantea.)

Dantea

Dos ciervas, si no son más,
por este bosque frondoso
van dejando el aire atrás.
    Por la ventana las vi
que cae al río, señor.

Alejandro

Pues ¡alto! Vamos de aquí,
que a vueltas de este rumor
se cazará el jabalí.
    ¿Quién es esta labradora?

Lucindo

Mi sobrina, a tu servicio,
que ha hecho por Laura agora
de cocinera el oficio.

Dantea

Eso, Lucindo, os desdora;
    mas ya que el señor lo sabe,
le suplico me perdone
las faltas.

Alejandro

    ¡Buen rostro!

Celio

    Grave.

Alejandro

Yo, porque presto se abone
cuanto en esta casa cabe,
    tomad vos esta cadena,
para que cuando volvamos
tengáis guisada la cena.

Dantea

No para que te sirvamos,

	para atarnos será buena.
Alejandro	Todos saben responder. Tomá esta sortija vos, por la canción.
Músico I	Al volver oiréis, gran príncipe, dos que os darán mucho placer: Una de vuestros pasados cuando vinieron de Grecia, y otra de sus esforzados hechos, que hoy la fama precia, de su valor aumentados.
Alejandro	¿Adónde está por aquí la casa de César?
Belardo	Cerca.
Alejandro	Pues, pasemos por allí.
Roselo	Detrás está de esta alberca.
Alejandro	Que yo en mi vida la vi.
Lucindo	De camino la veréis, gran Duque, que no es muy tarde.
Alejandro	Guiadnos vos, pues sabéis; huésped, nada os acobarde, que hoy al jabalí tendréis.
Lucindo	Vuestros perros harán presa.

Alejandro	Bien le valdrá la carlanca.
Lucindo	Por la corcilla me pesa,
	que era como nieve blanca,
	y de manchalla no cesa.

(Vanse todos, y salen César y Laura.)

César Alza los ojos, no hagas
fáciles los imposibles.
Mira que su luz estragas
ya con tres cosas terribles;
mal mi amor, Laura, me pagas.
   Habrá estrellas en el suelo
si dél no quitas los ojos;
rompe de la noche el velo
de estas lágrimas y enojos.
Serene el arco su cielo
   y pase tu tempestad,
y toda mujer se esfuerza
de hacer la necesidad
virtud, porque tras la fuerza
se rinde la voluntad.
   Yo te obligué con la mía,
con regalos, con promesas;
tú siempre rebelde y fría
a un hombre que otras empresas
altas en los pies tenía.
   Pues viendo yo que por ti
no servía al Duque un hora,
ni estaba en corte ni en mí,
y que una noble señora

con un grado te perdí,
   y que vine a quedar loco
de tu desdén, hice acuerdo
con quien tú estimas en poco;
y con su consejo cuerdo
a esta fuerza me provoco,
   con la cual tomó venganza
de tu aspereza mi amor.
Esfuerza tu confianza,
que te pagaré mejor
que tú tienes la esperanza.
   Este Teodoro es un hombre
de virtuoso renombre,
muy de bien, muy bien nacido:
éste será tu marido,
porque mi bondad te asombre.
   Daréte dos mil ducados,
viviréis en esta casa,
de mi hacienda regalados,
donde él mejor que un rey pasa
los veranos abrasados.
   Tendréis doscientos y más
de salario aquí los dos;
si tú sospechosa estás,
no me olvidaré ¡por Dios!
de tu remedio, jamás.
   Y aquí podré yo gozarte
sin que falte al Duque, un día
que venga a holgarme y hablarte,
¿no es verdad, Laura?

Laura   Desvía.

César   Mi vida, quiero abrazarte.

Laura   ¡Suéltame, infame grosero!
Que si hasta aquí procediste
como vil tirano fiero,
en lo que agora dijiste,
como falso caballero.

   ¿Parécete, por tu vida,
que una fuerza resistida
con tan heroico valor,
se verá a dueño menor
eternamente rendida?

   Conténtate de haber sido
quien con violencia tan loca
venció mi honor resistido;
no me deshonre tu boca
con darme ese vil marido;

   que yo, puesto que no quieres,
te tendré en ese lugar;
tú solo, César, lo eres,
pues me pueden consolar
otras burladas mujeres.

   Y no te doy este nombre
porque te haya amor cobrado,
que antes, para que te asombre
el rigor que has aumentado,
aborrezco hasta tu nombre.

   Y si por necesidad
por algún resquicio había
entrado en mi voluntad
amor, ya salió este día
con mayor velocidad.

   ¿Yo, marido? ¿Yo, en tu casa?
¿Yo, en tu casa? ¿Yo, tu amiga?

César	Eso de límite pasa y razón.
Laura	¿Quieres que diga que quien me goza me casa?
César	¿Y es malo?
Laura	Sí, que no veo disculpa en eso, traidor, sino cansarse el deseo, trocarse el odio en amor, lo que ya del tuyo creo. ¿Qué más aborrecimiento que casarme? Mas tenéis todos ese bien violento porque luego aborrecéis tras el primero contento.
César	¿Yo aborrecerte, mi vida? ¡Ea, Laura; ea, mi bien!
Laura	Suéltame, infame, homicida de mi honor.
César	¿Tanto desdén? Habla bien, si eres servida, que me gastas la paciencia.
Laura	¿Respuesta esperas honrada?
César	Sí, que hay mucha diferencia, porque una mujer gozada no tiene tanta licencia.

Laura	Antes sí, porque el agravio hace al más honesto labio que se descomponga y mueva, no a quien con gusto la lleva.

(Entra Otavio.)

Otavio	Caso extraño.
César	¿Qué hay, Otavio?
Otavio	Viniendo el Duque a cazar, a vuestra quinta ha llegado.
César	¿Quiere adelante pasar?
Otavio	No, porque si ya no ha entrado, debe de querer entrar.
César	¿Qué haré?
Otavio	¿De qué os turbáis?
César	¿Esconderé a Laura?
Otavio	Sí.

(Entra Carlos.)

Carlos	¡Qué descuidados estáis!
César	¿Cómo?

Carlos	Alejandro está aquí, señora, ¿cómo no os vais?
Laura	¿Que me vaya? Que me place.
César	Deténte, que bueno fuera que la viera el Duque, y hace extremos que la entendiera.
Carlos	Todo es honra.
Otavio	De eso nace; escondelda.
César	Este aposento es para ello acomodado. Entra presto.
Laura	¡Ah, cielo, atento a mi mal! ¿Si habrá llegado ya tu castigo violento?
César	Entra, y apenas respires, aunque arder el mundo mires.
Otavio	Laura, ni tosas ni hables.
César	¿Qué sucesos hay?
Otavio	Notables.
Carlos	No te aflijas.
Otavio	No suspires.

(Vase Laura, y sale Alejandro, Celio, Lucindo, Roselo, Belardo, Doristo, Dantea, Teodoro y gente de guarda.)

Alejandro   ¿Y está César aquí?

Teodoro   Sí, señor mío.

Alejandro   ¿Ha mucho?

Teodoro   Habrá seis días.

Otavio   Llega, César.

César   Señor, ¿vuestra grandeza honra esta casa?

Alejandro   ¡Oh, César! Yo os prometo que ella puede
honrar a cualquier príncipe que ponga
los pies en ella.

César   Por merced tan grande,
señor, me dé los suyos vuestra Alteza.

Alejandro   Héme holgado de ver tantas pinturas,
tan ricas salas, tan bien hechas cuadras,
tan bien acomodados los retretes;
tiene gentil portal, y esas ventanas
prometen un bellísimo horizonte
a los ojos que miran los jardines.

César   La pintura, señor, es extremada,
la casa pobre, aunque en alegre sitio;
de Miguel Ángel son aquellos cuadros,
y del Ticiano aquella Filomena,

120

que forzada se queja de Tereo.

Alejandro   Ésa miré con atención un rato:
                 ¡qué fiero está Tereo, y qué quejosa
                 la bella Filomena!

Lucindo   Allá en lo lejos
                 se queja bien a Pandión, su padre.

Alejandro   ¿También sabéis de historias vos, buen viejo?

Lucindo   Como soy padre, aficionéme luego
                 a la persona de aquel rey quejoso,
                 viendo cómo ha sentido el ver su hija
                 en poder de un tirano.

César   Razón tuvo,
                 que era rey en efeto.

Lucindo   Aunque rey fuera
                 entonces, como yo, tosco villano,
                 sintiera con igual dolor su afrenta.

Alejandro   Tiene razón, porque la honra, César,
                 es de tal condición, que hasta las fieras,
                 hasta los más salvajes animales
                 la estiman y agradecen a los cielos;
                 el blanco cisne el adulterio venga,
                 y el león de Albania la castiga y mata
                 a la leona, si su afrenta huele,
                 y por eso se lavan las leonas
                 cuando han cometido aquel delito.
                 ¿No tienes vidrios en aquesta casa?

César	Perdióseme la llave de un retrete donde pudiera acaso vuestra Alteza hallar algunos que le dieran gusto. ¿Dónde has comido?
Alejandro	Aquí comí, en el campo. ¡Abran ese retrete, por tu vida!
César	Yo me holgara, señor, que hubiera llave. ¿Cuándo se irá a Florencia vuestra Alteza?
Alejandro	Hoy me pienso partir; mas mira, César, que quiero ver aquestos vidrios tuyos.
César	¡Hola! ¿Tienes la llave?
Teodoro	Hase perdido.
César	Otro día, señor, que a honrarme vengas, los sacarán a aquesta sala todos. ¿Quieres ver los jardines?
Alejandro	¡Abran, César, este retrete!
Otavio (Aparte.)	(¡Aquesto va de veras!)
Alejandro	¡Ábranle, por mi vida, y no me enojes!
César	Sin llave, ¿cómo?
Alejandro	Con romper la puerta.
César	Quebraránse, señor, algunos vidrios.

Alejandro	No importa, que ya alguno está quebrado.
Otavio (Aparte.)	(César, callar y oír es lo que importa. ¿No ves que viene aquí de Laura el padre?)
César	Señor, ¿quiéresme oír?
Alejandro	Di lo que quieres.
César	Cuando viniste estaba entretenido aquí con una dama de Florencia: por tu respeto la escondí; no gustes que aquí la vea toda aquesta gente.
Alejandro	César, hombre soy yo, y todos son hombres; abre, que no se espanta de eso nadie.
César	Tú gustas, quiero abrir; vergüenza tengo.

[Carlos habla aparte a Otavio.]

Carlos	Hoy temo al Duque.
Otavio	Y yo le temo, Carlos, que en el rostro le he visto nuestra pena.
Carlos	Pienso que el cielo esta venganza ordena.

(Sale Laura, muy triste.)

Laura	Invictísimo Alejandro, segundo del nombre en Grecia, donde tus Médicis nobles

traen su ilustre descendencia,
el primero en el valor,
que de tal abuelo hereda,
y de tan famosos padres,
que dieron gloria a Florencia:
ved con piedad, que es tan propia
de vuestras entrañas mesmas,
la mujer más desdichada
y con mayor inocencia.
Laura soy, invicto Duque,
y éste que a vos me presenta
es mi viejo honrado padre,
noble, aunque de humildes prendas:
él con lágrimas amargas
que sus blancas canas riegan,
yo con las que veis de sangre
de mi honor y mi vergüenza.
Duélaos su cara afligida,
y mi edad, señor, os duela,
porque entre vuestras hazañas
la presente resplandezca.
No pido ya a un padre pobre
que me vengue de esta afrenta
contra un hombre poderoso
y en una campaña yerma,
sino al príncipe y a vos,
que nos ampara y gobierna,
que vos sois padre y señor,
os toca vengar mi afrenta.
Paréceme, excelso Duque,
que ni más notables muestras
ni lágrimas más amargas
ni más lastimosas quejas
os pueden dar mi dolor.

Mirad bien en mí y en ellas
una música acordada
de dos voces y mil penas.
Mirad al alto, señor,
puesto en la mayor bajeza,
y el contrabajo contento,
que en cualquier punto disuena.
Pobre soy, mas soy honrada,
Laura humilde pero honesta;
justicia, Alejandro noble,
aunque injusticia parezca.
Amáis a César y es justo,
pero si os ofende César,
no consintáis, gran señor,
que quien os ama, os ofenda.

Alejandro   César, ¿qué disculpa das
de esta maldad, de esta ofensa?
Mas ¿cómo has de dar disculpa?
¡Que no es posible tenerla!
Antes que digas palabra,
sé la historia, y porque entiendas,
Carlos y Otavio, que vengo
a esto solo de Florencia.
Llamadme de aquesas guardas
quien más ancha espada tenga,
que a los tres en esta sala
haré cortar las cabezas.

César   Señor, ¿cuándo César dijo...?

Alejandro   No hay aquí César; ya cesa
su amor con este delito.
Éste es fin de esta tragedia:

los tres habéis de morir.

César   Pues señor...

Alejandro   ¡Brava insolencia!
¿Tú hablas? ¡Venga un verdugo!

César   ¿Sin oír? ¡Crueldad es ésa!

Alejandro   Pues ¿qué más tengo de oír?
Oigo tanto, que quisiera
ser sordo, por no escuchar,
traidor, infamias como éstas.
¿Merecíate mi amor,
y aquella hazaña en que llega
a vencerse de sí misma,
de mi valor la excelencia?
¿Aquel darte a quien tú sabes,
que al fin con sospecha queda
de mi amor y voluntad,
esta vil correspondencia?
¿Así a las hijas de pobres,
que porque no tienen fuerza
las ampara mi persona,
las han de afrentar las vuestras?
¿A mis vasallos, traidor?

Lucindo   Señor, si ella se contenta
de que sea su marido,
¿permitirás que lo sea?

Alejandro   No sé yo si ella querrá,
pero como ella consienta,
daréle a mi César vida,

126

para que servirla pueda.

Laura

Señor, por no ver morir
un hombre con tanta afrenta
satisfaciendo la mía,
le perdonaré la deuda.

Carlos

César, responde que sí.

Otavio

Respóndela que sí, César,
que el Duque no hablara así
si no es que así lo sintiera.

César

Señor, ¿no basta dotarla?

Alejandro

Eso has de hacer, y con ella
te has de casar.

César

      Pues, ¿dotarla
y casarme?

Alejandro

      ¡Bien te quejas!
Dotarla, por si murieres
sin heredero, en treinta
o cuarenta mil ducados.

César

¡Qué rigurosa sentencia!
¿A una mujer que no es noble?

Alejandro

¡Cómo no! Llana es la prueba,
¡vive el cielo! que su padre
come conmigo a mi mesa.
Pues según esto, si tú,
César, me sirves en ella,

y él en ella está sentado,
él te hace diferencia.

César   ¿A tu mesa?

Alejandro   ¡Hoy, en su casa!
No repliques.

César   Laura bella,
dadme esa mano, y a vos
os pido, padre, las vuestras.

Alejandro   También has de dar al viejo,
porque descanse en su tierra,
César, quinientos ducados
de lo mejor de tu renta.

César   Digo, señor, que lo haré.

Alejandro   Y guárdate de que sepa,
César, que la tratas mal,
pues la cabeza te queda.

César   Yo la serviré, señor.

Alejandro   Vosotros, aunque pudiera
castigaros, solo quiero
que no estéis más en Florencia.

Carlos   Guárdete el cielo, gran Duque.

Otavio   Larga vida te conceda.

Belardo   Perdí mi cierta esperanza,

mas no importa que se pierda.
Parabién te damos todos.

Roselo   Tu gusto a Roselo alegra.

Doristo   Parabién te da Doristo.

Dantea   Y mil abrazos Dantea.

Lucindo   ¡Viva el gran Duque Alejandro!
                   Con que da fin la comedia
                   del gran Médicis famoso,
                   primero Duque en Florencia.

(Vanse todos por su orden.)

                   Fin de la comedia

Libros a la carta

A la carta es un servicio especializado para

empresas,

librerías,

bibliotecas,

editoriales

y centros de enseñanza;

y permite confeccionar libros que, por su formato y concepción, sirven a los propósitos más específicos de estas instituciones.

Las empresas nos encargan ediciones personalizadas para marketing editorial o para regalos institucionales. Y los interesados solicitan, a título personal, ediciones antiguas, o no disponibles en el mercado; y las acompañan con notas y comentarios críticos.

Las ediciones tienen como apoyo un libro de estilo con todo tipo de referencias sobre los criterios de tratamiento tipográfico aplicados a nuestros libros que puede ser consultado en Linkgua-ediciones.com.

Linkgua edita por encargo diferentes versiones de una misma obra con distintos tratamientos ortotipográficos (actualizaciones de carácter divulgativo de un clásico, o versiones estrictamente fieles a la edición original de referencia). Este servicio de ediciones a la carta le permitirá, si usted se dedica a la enseñanza, tener una forma de hacer pública su interpretación de un texto y, sobre una versión digitalizada «base», usted podrá introducir interpretaciones del texto fuente. Es un tópico que los profesores denuncien en clase los desmanes de una edición, o vayan comentando errores de interpretación de un texto y esta es una solución útil a esa necesidad del mundo académico.

Asimismo publicamos de manera sistemática, en un mismo catálogo, tesis doctorales y actas de congresos académicos, que son distribuidas a través de nuestra Web.

El servicio de «libros a la carta» funciona de dos formas.

1. Tenemos un fondo de libros digitalizados que usted puede personalizar en tiradas de al menos cinco ejemplares. Estas personalizaciones pueden ser de todo tipo: añadir notas de clase para uso de un grupo de estudiantes, introducir logos corporativos para uso con fines de marketing empresarial, etc. etc.

2. Buscamos libros descatalogados de otras editoriales y los reeditamos en tiradas cortas a petición de un cliente.